야생의 숲, 문명의 영혼
시베리아 예찬

김창진 지음

야생의 숲, 문명의 영혼
시베리아 예찬

김창진 지음

웬만한 유혹에도 평정심을 잃지 않을 만큼 연륜이 쌓였다는 나이가 되던 해 여름, 나는 오랫동안 꿈꾸던 시베리아 횡단 열차의 플랫폼에 서 있었다.
항구도시 블라디보스토크의 한낮은 섭씨 30도가 넘을 만큼 더웠고, 나는 불혹의 경지에 도달하기에는 너무 먼 서울의 일상에 지쳐있었다. 출구가 절실했다. 속도를 잴 수 없을 만큼 빠르게 돌아가는 거대 도시는 현기증을 일으켰고, 충족되지 못하는 젊은 날의 생은 소진되고 있었다. 어쩌면 저 아득한 시베리아 벌판이, 초원에 빛나는 자작나무 이파리들이 나를 구원해줄지도 모를 일이었다.

가을의아침

일러두기

1. 러시아어는 국립국어원 외래어 표기원칙에 따르되, 이미 굳어진 표기 또는 저자가 필요하다고 판단한 경우 현지 발음에 가깝게 표기했다.
2. 원어 병기는 러시아어 병기를 원칙으로 하되, 필요한 경우 예외적으로 영어를 병기했다.

개정판 서문

다시 이방인이 되어
시베리아를 생각하다

　체스키크룸로프에서 프라하로 돌아오는 길에는 저녁 안개가 낮게 깔리었다. 낮에 보았던 들판과 숲 속의 나무들은 벌써 어둠에 잠기고, 찻길 옆 아담한 호수는 빛나던 여름날의 안온한 휴식을 떠올린다. 뒷좌석의 아이는 어느새 잠이 들고, 우리는 고요히 라두자(Radůza)를 듣고 있다. 두 번째 앨범 재킷 속의 그녀는 도시의 어느 골목에서 작은 미소를 짓고 있지만, 그윽하도록 처연한 목소리는 슬라브 여인의 음성 그대로이다. 경쾌한 슬픔, 또는 당신을 보내고 아무도 없는 집에서 홀로 살아가야 하는 운명. 소리 없이 숲 속에 번지는 안개처럼, 천 년 넘게 블타바 강가를 맴돌던 멜로디는 시베리아의 벌판에서 나를 스쳐가던 바람과 구름만큼이나 가볍게 그리고 깊이깊이 몸속에 젖어들었다.

십 년 만에 다시 찾은 프라하에서 돌연 알폰스 무하에 빠져들었다. 꽃들의 언어. 백합과 장미의 향연. 한 시대가 저물고 새로운 세기와 더불어 세상을 돌아다녀야 했던 모라비아 출신 화가의 그림과 장식에 만발한 꽃들. 풍만하나 요염하지는 않은 젖가슴을 우아하게 드러낸 여인. 그리고 아이비 화관을 쓴 그녀의 고고한 자태. 세상의 모든 여인과 사물을 그지없이 둥글게 그린 사람. 1918년 마침내 자신의 공화국이 세워졌을 때 그 나라의 우표와 지폐를 그림처럼 아름답게 도안한 사람. 걷기도 전 마루를 기어 다닐 때부터 목에 연필을 차고 그림을 그리던 아이. 어렸을 적 동네 교회 성가대에 섰지만 화가를 꿈꾸지는 않았던 가난한 소년. 그리고 비엔나를 거쳐 마침내 파리에서 꿈을 이룬 체코 화가이자 장식미술가. 마치 쿠바의 아바나에서 게바라가 소비되듯, 프라하에는 어디에나 무하가 있다. 하지만 나는 1939년 파시스트에게 가장 먼저 끌려간 사람들 속에 그가 있었다는 사실을 기억한다.

지난 3년 동안 시베리아에 가지 않았다. 그리고 이제 오스트리아-헝가리 제국의 변방이던 나라의 수도에 자리한 카페에서 비엔나커피를 두 잔째 비우면서 생각한다. 그때 함께 왔던 시인은 이미 세상을 떠났다. 아, 그리고 보니 그 젊은 소설가도 힘든 생을 마감했구나. 여름날 그들과 함께 걸었던 어느 경사진 공원길을 이번에는 찾지 못했다. 대신 우애 깊은 자매가 동행이 되었다.

그저 스쳐가는 수많은 관광객으로 북적이는 여름이 지나 가을이 오면 이 도시는, 그 벌판은, 똑같은 이름을 가진 거리 이름 때문에 두 번이나 잘못 들어간 부다페스트 인근 그 소도시와 시골마을은, 얼마나 아름다울까?

오래전 연해주에 정착했던 또는 시베리아를 지나갔던 우리네 선조들과 이름난 사람들의 자취를 새삼스레 훑어보고, 북방의 정서와 신산함을 아프게 노래한 시인들의 이야기를 곁들인 두 편의 글을 보태 『시베리아 예찬』 개정판을 펴낸다. 처음 책을 낸 출판사의 무성의 탓에 절판된 책을 다시 내라고 거듭 권유해준 지인들이 고맙다. **가을의 아침**에서 첫 번째 책이 이렇게 잘 나올 수 있도록 여러분이 도와주셨다. 초판에서 좋은 사진을 싣도록 허락해주신 송학선 님께 뒤늦게나마 빚을 갚을 수 있게 된 것도 다행이다. 졸저에 기꺼이 추천사를 써주신 신영복 선생님과 성유보 선생님께 다시 한 번 감사드린다.

창밖으로 블타바 강이 내려다보이는
프라하의 오래된 카페 슬라비아에서
2014년 2월 하순 겨울날에

차례

개정판 서문 • 5
초판 서문 • 11
프롤로그 | 시베리아로 가는 길 • 15

1부 | 야생의 시베리아, 문명의 시베리아

1. 숲과 눈, 사람이 공생하는 시베리아 • 24
   아득한 지평선에 어린 슬픔과 꿈 • 24
   아가씨들은 장미처럼 피어나고 • 28
   *시베리아의 지리와 기후 • 34
2. 캄차카-작열하는 반도, 원시의 아름다움 • 36
   *캄차카 가는 길 • 42
3. 바이칼 호수-시베리아의 심연 또는 문명의 원형 • 43
   *바이칼의 생물들 • 53
   *바이칼 가는 길 • 55
4. 알혼 섬-바람과 숲, 그리고 오솔길의 평화 • 57
5. 알타이 산지-웅장한 시베리아, 정다운 시베리아 • 71
   *알타이 가는 길 • 81
6. 이르쿠츠크-자유정신과 예술혼이 서린 도시 • 83
   *이르쿠츠크 가는 길 • 97
7. 샤머니즘의 고향 • 98
8. 시베리아에는 시베리아 호랑이가 살지 않는다 • 104
   시베리아 호랑이는 어디로 갔는가 • 104
   호랑이와 인간이 같이 사는 법 • 108

2부 | 시베리아로 간 사람들

1. 원주민 또는 소수민족이라는 슬픈 이름 • 114
2. 우수리 강변–문명인의 고독과 야생인의 지혜 • 121
   데르수 우잘라와 그의 문명인 친구 • 121
   야생의 지혜, 또는 우리가 잃어버린 과거 • 125
   원시적 공산 관념과 시인의 영혼 • 127
3. 유랑하는 고려인 • 130
   * 러시아 이주민이 고려인으로 불린 까닭은? • 138
   * 극동 지역의 소수민족 • 140
4. 시베리아로 간 한인들–풍경과 상처를 바라보는 서로 다른 시선
   • 141

3부 | 문학과 예술의 시베리아

1. 구원을 갈구하는 가난한 영혼, 그리고 카츄샤의 부활 • 168
2. 저주받은 섬, 사할린으로 간 안톤 체호프 • 177
3. 앙가라 강물에 비친 달빛 • 186
4. 라스푸틴과 전원 작가들의 시베리아 예찬 • 197
5. 음유 시인이 부르는 캄차카의 노래 • 209
6. 북방의 시인, 또는 시베리아의 기쁨과 슬픔 • 215
7. 회한과 사랑, 그 쓸쓸한 불에 관하여–춘원과 박범신의 바이칼
   • 235
8. 시베리아의 이발사와 한 러시아 여인의 운명 • 246
   * 영화 정보 〈시베리아의 이발사〉 • 252

4부 | 시베리아, 사상의 거처

1. 진실의 공동체 또는 아나키즘의 온상 • 254
2. 무장한 예언자, 탄생과 탈주 • 266
3. 근대 문명과 시간의 깊이 • 277

에필로그 | 기차에 관하여 • 292

* 시베리아 횡단 철도와 한반도 • 299

참고문헌 • 304

초판 서문

2006년 겨울이었던가, 중년 남자가 찾아와 3월 초봄에 자전거를 타고 시베리아를 횡단하겠다고 만용을 부리는 바람에 '제발 이성을 되찾으라'고 설득하느라 진땀을 흘린 적이 있다. 평온하던 일상의 어느 날 갑자기 떠나야만 한다(!)는 충동이 온몸을 휘감게 되었더라도 최소한 시베리아 벌판의 해빙기가 완전히 끝나는 5월 초순까지는 기다리라고 진지하게 충고했건만 그는 별로 귀담아듣는 눈치가 아니었다. 그가 떠났는지, 떠났다면 과연 제자리로 멀쩡하게 돌아왔는지 뒷얘기는 듣질 못했다. 시베리아는, 그저 인생의 한때 도저히 거부할 수 없는 내면의 충동밖에는 아무 준비도 없어 보이는 이방인에게 낭만적인 자전거 여행을 순순히 허락할 만큼 만만한 데가 결코 아님을, 아마 그는 현장에 도착하자마자 절감했을 것이다.

그럼에도 불구하고, 어쩌면 그렇기 때문에 우리는 무시로 시베리아를 꿈꾸고 시베리아를 달리고 싶어 하는지도 모른다. 내가 시베리아 땅을 처음 밟은 것은 2000년 7월이었다. 한국과 소련 사이에 공식적인 외교관계가 수립된 지 10주년을 기념하여 러시아를 연구하는 동료들과 함께 답사 기행 차 떠난 길이었다. 바로 그 한 달 전 남·북한의 정상이 평양에서 만나 한반도 종단 철도(Trans Korean Railway: TKR)를 시베리아 횡단 철도(Trans Siberian Railway: TSR)와 연결, 남한에서 러시아를 거쳐 유럽까지 이어지는 '철의 실크로드'를 건설하자고 합의했다. 반세기 넘게 막혀 있던 역사의 물줄기가 터지는 순간이었다. 서울역에서, 아니 부산이나 목포에서 대륙행 야간열차에 설레는 몸을 싣고 또 다른 조국의 강토 신의주와 원산을 거쳐 광활한 시베리아를 지칠 줄 모르고 달려서 모스크바와 바르샤바를 지나 파리나 로마, 마드리드까지 갈 수 있는 날이 올까?

2000년 이래로 일곱 해 동안 일곱 번에 걸쳐 시베리아의 이곳저곳을 돌아볼 기회가 있었다. 봄, 여름, 가을, 겨울을 거듭 겪으며 매혹적이고 다채로운 시베리아의 얼굴과 속살을 살짝 엿보게 된 셈이다. 그때마다 새삼스레 다시 만난 시베리아의 아스라한 벌판과 한가로운 젖소 떼, 자작나무, 적송, 참나무가 다정하게 어우러진 끝없는 타이가, 그리고 다양한 국적의 횡단 열차 여행자들, 때로는 세월 속에 쇠락을 감추지 못하는 도시의 골목들과 시장 바닥, 숲 속의 통나무집들과 그 옆에 고요히 흐르는 강과 온

갓 야생의 풍경으로부터 받은 인상과 단상을 기록하여 다른 이들과 나누고 싶은 바람이 일었다. 그 작은 결실이 바로 이 책자로 꼴을 갖추게 되었다.

이 변변치 않은 기록은, 따라서 한 낭만적 산책자의 시베리아 인상기이지만 흔히 생각하는 여행기는 아니다. 우리에게 오늘 '시베리아'를 화두 삼아 떠난다는 것이 무엇을 의미하는지 요모조모 곰곰이 생각하며 반추한 메타여행기 또는 인문기행기라고 할 수 있다. 온갖 사연을 안고 우리보다 앞서 시베리아 땅을 밟았던 사람들이 남긴 흥미롭고도 가슴 아픈 이야기들은, 그래서 내게 길 떠날 때 주어진 빛바랜 사진들이요, 낡은 일기장이었다. 앞으로도 틈만 나면 시베리아의 여기저기를 걷게 될 터이고, 그러면 여기 쓴 것들이 스스로 하찮게 여겨질지 모를 일이다. 그 무안함이 어떻게 모면될지 알 수 없으나, 나는 그해 여름 블라디보스토크에서 모스크바까지 17박 18일 동안 9,300킬로미터의 횡단 철길을 타고 시베리아 벌판을 거침없이 달리면서 겪었던 인생의 전기(轉機)에 심신이 활짝 열리는 해방감을 맛보았던 그 생생한 경험을 잊지는 못할 것이다.

나는 이 책이 지금 우리가 살고 있는 것과는 '다른 세계'도 가능하다는 것을 믿고 싶은 사람들, 현대의 일상을 지배하는 물리적인 시간에 사로잡히지 않고 자연 속에 흐르는 시간의 깊이를 체험하면서 살고 싶은 사람들에게 작은 위로가 되기를 바란다. 일상의 어떤 순간만이라도 세상의 급류에 휩쓸리지 않고 홀로 오솔길을 산책하면서 내면의 자유와 평정을 누리고 싶은 벗들이 점점 더 많아지기를 기대하면서…….

  실로 많은 분들의 도움으로 이 책을 출간할 수 있었다. 우선, 숱한 일들이 벌어진 한 해 동안 '러시아 문화의 집'에서 보람과 서글픔을 함께 나눈 스벳, 순천, 정선, 혜자, 덕현, 호철, 산, 그리고 가까이서 호의를 보여주셨던 모든 분께 진심으로 고마움을 표하고 싶다. 물심양면으로 기꺼이 도움을 주신 하용출 선생님과 박수헌 선생님은 물론 학계 동료들에게도 큰 빚을 진 셈이다. 작년 여름 신영복 선생님과 더숲두리오를 비롯하여 바이칼 기행에서 격의 없이 어울렸던 선한 사람들은 오래도록 잊지 못할 것이다. 그들과 지금까지도 이어지는 즐거운 만남에 이 책이 작은 추억 한 장을 덧붙일 수 있다면 더없이 좋겠다. 그간 한 번도 시베리아 여행길에 동행하지 못한 청아·청건에게도 아빠의 미안함과 사랑을 이 책자로 대신할 수 있을까? 끝으로, 처음 원고를 보고 애정 어린 조언을 준 K, M, Y, 멋진 사진을 주신 콩밝님과 동현에게 마음으로부터 감사드린다.

2007년 5월

프롤로그
시베리아로 가는 길

    한겨울의 북풍한설이 시작되는 곳으로 여겨지는, 우리에게는 아직 낯선 시베리아. 그러나 세상이 바뀌어 지금은 블라디보스토크는 물론 이르쿠츠크, 노보시비르스크, 알타이, 그리고 심지어 야쿠치야와 캄차카에 이르기까지 여행과 유학, 교역 등을 위해 부지런히 오가는 한인들을 쉽게 볼 수 있게 되었다. 그런가 하면 우리 주변에서도 시베리아에서 온 학생들과 사업가들을 심심치 않게 만날 수 있다.

    끝을 볼 수 없는 타이가와 광활한 초원 지대가 이어지는 시베리아 벌판은 야생 호랑이가 마을에 출몰하고 검푸른 숲에 한겨울의 매서운 눈발만 날리는 곳이 아니다. 그 땅엔 일제 강점기 의분에 차 해방의 그날을 향해 말 달리던 우리네 선배들의 자취가 남아 있다. 그곳은 또한 스탈린 치하에서 영문도 모른 채 중앙아시아 벌판으로 실려 갔던 비련의 '고려인'들이 반세기 만에 되돌아오고 있는 귀향의 땅이기도 하다.

시베리아를 특정 국가나 민족의 시야에서 바라보는 익숙한 전통과 이제 결별해야 한다. 시베리아의 일부가 한때 고구려와 발해의 영토였으며, 시베리아야말로 한민족의 시원(始原)이라 주장할 수는 있지만, 그 뿌리가 수천 년을 지나 유독 우리에게만 닿아 있다고 할 수는 없을 것이다. 수많은 세월이 흐르는 동안 그 땅에 얼마나 많은 부족과 민족국가가 나타났다 사라졌는지 모른다. 지금도 시베리아의 북쪽에는 순록을 기르는 유목민이 살고 있고, 연해주 숲 속의 강가는 짐승이나 물고기를 잡아서 생활하는 수십 여 소수민족의 오랜 거처가 되고 있다.

지난 세기 초반까지만 하더라도 그 땅에서 조선인은 물론 한족(漢族)과 만주족, 우데게족, 그리고 유럽 쪽에서 이주해온 러시아인들이 함께 어울려 살았다. 그곳은 지금 러시아인들이 지배하고 있으나, 이는 정치적 점유의 성격을 갖는 것일 뿐 그들이 온전히 그 땅의 소유주라고 말하기는 어렵다. 요컨대 시베리아는 역사상 어느 시기에 특정 종족이나 국가의 통치하에 일시적으로 편입되기는 했으나, 근원적으로는 누구에게도 영구히 귀속될 수 없는 자유로운 영혼의 땅, 야생과 문명이 공존하는 우리의 본향(本鄕)이다.

시베리아는 우리의 후속 세대들이 대대손손 나라와 민족과 종교의 차별 없이 서로 어울려 살아가야 할 땅이다. 시베리아는 러시아와 몽골, 중국, 한국의 영토적 경계를 떠나 그 땅을 지키고 살아가는 원주민을 존중하면서 광대한 숲과 초원, 수천 개의 강과 호수들을 더불어 호흡하면서 지켜가야 할 야생과 문명의 거처 그 자체이다. 굳이 시베리아 애호가가 아니더라도 점점 피폐해져가고 있는 아마존, 동남아 밀림 지대와 함께 인류의 3대 허파라고 하는 이 소중한 땅을, 단지 에너지와 광물자원의 보고로만 보는 물질주의적 접근은 모름지기 신중해야 한다. 석유와 천연가스, 우라늄과 니켈이 현대 문명의 유지에 필수적이라고 하더라도 붉은소나무, 졸참나무, 자작나무와 지천에 깔린 들꽃이 어우러진 시베리아 숲, 거기에서 뿜어져 나오는 맑은 산소와 타락한 인간의 영혼을 정화하는 시베리아의 정기가 한낱 보잘것없는 것이라고 말할 수 있겠는가?

시베리아의 오지에도 문명의 빛을 전하기 위한 개발이 필요하다고 말하는 사람들이 늘고 있다. 땅속에 널려 있는 화석 에너지와 지상의 고속 편리를 추구하는 사람들의 끝없는 욕망은 머지않아 더 많은 원시림을 없애고 아스팔트길을 뚫고 다이너마이트를 터뜨릴 것이다. 그렇게 되면 아직 남아 있는 검은담비나 붉은사슴, 바닥까지 들여다보이는 샛강에 살고 있는 물고기들도 점차 사라지고, 시베리아 산새의 노랫소리도, 호랑이의 포효도 먼 옛날이야기가 될 것이다. 그리고 한참 세월이 지나 우리는 그 청정했던 시베리아를 되돌아보며 만시지탄하게 될 것이다.

  시베리아는 우리의 상상 속에서 잃어버린 과거, 다가올 미래로 거기 남아 있다. 막상 그곳에 당도하여 조우하게 될 인간 군상의 자취가 남긴 추레함과 남루마저 미화할 수는 없을 터이지만, 시베리아는 아주 특별한 의미로 기억되고 각인되어 있다. 시베리아는 그저 스쳐 지나가는 여행지가 아니라 인간의 유한한 생(生)과 그들이 만들어내는 문명이며, 그 모든 것을 수만 년 동안 지켜보는 바위와 숲과 바람과 눈과 들꽃이 때로는 침묵으로 때로는 부드러운 미소로 때로는 격정 어린 포효로 공존하는 독특한 우주이다. 하여 우리는 오늘, 야생의 숲과 그 벗이 되어 살아간 인간이 수천 년간 만들어낸 삶의 무늬[人文]들을 찬찬히 들여다보고 어루만져보고 추체험해보는 시베리아 기행을 떠나는 것이다.

    사람들은 길을 떠난다.
    떼 지어 가을 하늘을 높이 나는 새처럼
    고요한 호수를 헤집고 다니는 한 마리 작은 물고기처럼
    거칠 것 없이 초원을 질주하는 말처럼
    사람들은 정처 없이 멀리 또는 그리 멀지 않은 곳으로

길을 떠난다.
존재의 이유가 이주(移住)에 있는 것처럼
사람들은 길을 떠난다.

사람들은 다시,
길을 묻는다.
다람쥐가 서성거리는 숲 속에 난 작은 오솔길에서
늙은 어버이가 젖은 눈길로 손을 들어 배웅하는 동구 밖 신작로에서
언제나 풍랑과 해적을 두려워해야 하는 뱃길에서
그리고 수천 킬로를 비행하는 운해(雲海) 위에서
길 떠나는 사람들은,
얼마나 다른 길을
서로 묻는가?

오래전 라틴아메리카의 '슬픈 열대'로 길을 떠났던 한 프랑스 사람은 이렇게 썼다.

> 인간이란 한편으로는 안정을 구하고, 다른 한편으로는 모험이라는,

속박으로부터의 해방을 추구하면서 사명과 피난 사이에서
동요하고,
이들 양자를 취하면서도 항상 어느 한쪽 편을 선택해야 하는
이율배반에 직면한다.[1]

그의 어법을 빌리면,
우리가 시베리아로 가는 길은
모험과 피난의 선택이다.
적막한 숲, 혹한의 폭설, 질주하는 열차, 정복과 파괴, 변방의 유형은
깊은 공포와 상실, 저주와 순응, 탈주와 포획, 인고의 세월,
그리고 퇴락과 소멸을 상기한다.
시베리아로 가는 길은,
그러나 해방을 향한 질주,
그 끝에 이르러 누리게 될 호수처럼 고요한 침잠의 선택이기도 하다.
창공을 나는 새만이 그 한계를 알 수 있는 광활한 대지,
한여름 햇살에 빛나는 자작나무 이파리들,

---

* 클로드 레비스트로스, 『슬픈 열대』, 박옥줄 옮김, 한길사, 1998, 82쪽.

끝없이 굽어 이어진 철길,

그 철길 옆 흐드러진 들꽃의 바다,

그리고 시베리아의 싱싱한 처녀들은,

불현듯 일상을 헤집고 솟아나는 갈망이자 위안이다.

하여 시베리아는,

떠나는 자의 몫이다.

야생의 숲에서는 누구도 기다리지 않는다.

누군가를, 무엇인가를 기다린다는 것은 아직

소유에 대한 갈망을 버리지 않았기 때문이다.

그리고 시베리아는,

상상하는 자의 순정한 낭만이다.

거기서는 자작나무 이파리만 빛나는 것이 아니다.

거죽 붉은 소나무와 전나무, 본래 슬라브 땅에서 세상으로 퍼진 라일락과 코스모스,

그리고 키 큰 해바라기까지 다투어 피고 진다.

예니세이와 레나, 앙가라와 카툰 강들이

달빛에 제 속살을 비추며 흐르고

한겨울에 얼었다가 오월에야 풀리는 바이칼과 텔레츠코예 호수는

바다처럼 깊고 푸르다.

캄차카의 작열하는 화산과 지천으로 솟아나는 온천들,
알타이의 벨루하 만년설은
훼멸되지 않는 야성(野性)을 증언한다.
그리고 거기에서는,
문명의 돌진을 상징하는 기차마저도
스러져가는 원주민과 유랑하는 소수민족의 운명만큼이나 애잔하다.
시베리아는,
야생의 영혼이다.

1부
야생의 시베리아, 문명의 시베리아

01 숲과 눈, 사람이 공생하는 시베리아

아득한 지평선에 어린 슬픔과 꿈

함경도 태생으로 해방 후 모스크바로 유학했다가 1950년대 말 소련 망명길에 올랐던 시인 리진은 그 드넓은 러시아 땅에서 떠나온 고향의 소나무를 그리며 이렇게 나지막이 노래했다.

숲의 먼 끝에 한 그루 외따로
구부정 소나무가 서 있다.
로씨야 땅에서 보기 드문
구부정 소나무가 서 있다.
……
멀리서 아끼는 사랑이

얼마나 애틋한지 아느냐
길 떠난 아들을 잊지 마라
구부정 소나무의 내 나라[1]

그 애틋한 사랑 때문에 눈물지은 사람은 동방으로부터 온 망명객만은 아니었다. 일찍이 1825년 12월 제정러시아의 악명 높은 전제군주제와 농노제에 반대하는 봉기를 음모하다 발각되어 시베리아 유형 길에 올랐던 계몽적인 젊은 장교들인 데카브리스트(12월당원)를 따라 페테르부르크에서 이르쿠츠크까지 그들의 헌신적인 부인들은 눈물을 머금고 2만 리 길을 떠났다. 순결하고 아름다웠으나 창녀로 전락하는 운명을 감수해야 했던 카츄샤와 한때 그를 유린했던 네플류도프 공작 또한 끝없는 회한 속에서 시베리아로 길을 떠난다.

1917년 10월 '세계를 뒤흔든 열흘'의 주인공으로 역사에 기록되었던 지하 혁명가들은 넓고도 깊은 눈밭에서 와신상담했고, 거기에 레닌과 그의 동지들이 있었다. 19세기 말 러시아 작가인 곤차로프는 유럽의 변방에서 극동으로 발길을 돌려 급기야 조선 땅 거문도에 다다랐고, 체호프는 미지의 광막한 황야를 마차로

---

1 리진, 『하늘은 언제나 나에게 너그러웠다』, 창작과비평사, 1999, 48쪽.

달리고 아무르 강 기선을 타고 돌아 '지옥의 섬' 사할린에 이르렀다. 20세기 막바지에 슬라브주의를 옹호하며 공산주의를 저주했던 『수용소군도』의 작가 솔제니친은 망명지 미국으로부터의 귀환 여정을 조국의 변방 블라디보스토크에서 열차를 타고 수도 모스크바로 향하는 세기의 이벤트로 만들었다.

시베리아는 그렇게 문학과 정치에서 단순한 모험을 넘어선 고난의 여행길이라는 이미지로 다가온다. 그러나 세상의 아픔을 안고 저 멀리 사라지는 시베리아 열차는 얼마나 아름다운 풍광들을 스치며 달리는가! 황석영의 『오래된 정원』에서 유럽을 출발해 드디어 우랄 산맥을 넘은 주인공들은 시베리아의 아침을 보았다.

서리가 뽀얗게 내린 대평원에 해가 뜨는 장면은 이 엄청난 대지가 얼마나 아름다운가를 느끼게 했습니다. 쉼 없이 달리는 기차 때문에 숲의 나뭇가지 사이로 낮게 뜬 해가 가려졌다가 다시 나타나곤 했어요.……

노란색, 갈색, 짙은 갈색으로 얼룩진 자작나무 잎사귀는 햇빛을 받아 황금 조각처럼 나부꼈고 잎갈나무도 노랗게 변하기 시작했는데 초원과 습지 너머로 전나무, 가문비나무, 소나무의 늘 푸른 숲이 계속되고 있었어요. 이런 숲은 하루 종일 달려도 끝나지 않는 평원의 저 아득한 지평선에까지 닿아 있었고요. 처음 하루 이틀은 이 압도적인 땅을 내다보느라고 둘 다 아무 말 없이 차창 밖으로 고개를 돌리고 앉아 있었어요.[2]

그들은 베를린에서, 모스크바에서, 20세기 '현실 사회주의'의 죽음을 목격했다. '아버지와 당신이 꿈꾸었고 내가 마음속 깊이 찬동했던 우리들의 소망'이 처절하게 무너져 내리는 현장을 확인한다는 것은 새삼스럽게 고통스러운 일이었다. 가눌 길 없는 분노와 깊은 슬픔…….

하지만 시베리아가 간직한 슬픔은 남루한 옷자락 같은 것이 아니다. 그것은 시대를 앞서갔던, 또는 당대에 모두가 가는 길을 마다하고 다른 길을 걸었던 혁명가들과 이교도들, 휴머니스트들이 마지막 순간까지 부여잡았으나 기어이 스러진 꿈이라고 해야 할 것이다. 오늘 우리는 그 아스라한 꿈속에서 또다시 가야 할 미래를 본다.

---

2 황석영, 『오래된 정원』 하, 창작과비평사, 2000, 291쪽.

아가씨들은 장미처럼 피어나고

시베리아는 일 년 내내 추운 겨울일 것이라는 생각은 러시아 인들이 일 년 내내 털모자와 모피 코트를 입고 살 것이라는 생각과 함께 지금 당장 버려도 좋을 선입견에 불과하다. 사월까지 찬바람이 불지만 언 강이 풀리다가 오월이 되면 아연 만물이 소생하고 세상은 활기로 가득 차게 된다. 겨우내 움츠렸던 시베리아 사람들은 이내 두툼한 옷을 벗어버리고 길거리로 쏟아져 나온다. 한줌의 햇볕에 목말라 하던 그들은 우주의 조화가 내린 축복, 맑고 푸르른 대지를 감싸고도는 순정한 공기를 폐부 깊숙이 들이마시고 생의 원기를 회복한다. 하지만 언제 봄이 왔던가 싶게 5월 말경이 되면 기온이 영상 30도까지 올라가기도 한다. 그렇듯 늦은 4월에야 찾아와 한 달 만에 사라지는 시베리아의 짧은 봄은 풋풋한 시베리아 처녀들의 두툼한 겨울 코트를 벗기고 남녀노소 없이 환호하는 계절 여름을 예비하고는 겸손하게 자취를 감춘다.

해마다 날씨가 다른 것은 시베리아라고 예외가 아니지만, 보통 6월에서 8월 중순까지 지속되는 시베리아의 여름은 평균 20~25도의 기온에 화창하고 청명하고 건조한 날씨로 한밤중까지 환해서 그야말로 야외활동에는 천국이 따로 없을 지경이다. 러시아

시베리아 벌판의 야생화 ⓒ송학선

시베리아의 여름밤 ©송학선

땅의 북부에 나타나는 백야는 아니더라도 한없이 맑고 서늘한 시베리아의 여름밤은 주체할 길 없는 청춘의 약동을 기꺼이 받아주고, 삶의 한때 지인들과 걸었던 외지의 추억을 간직하려는 나그네들에게 넉넉하고도 남음이 있다.

시베리아의 여름을 눈부시도록 장식하는 것은 삽시간에 이방인의 눈길을 사로잡고 가슴을 뛰게 하는, 도시의 길거리마다 넘치는 늘씬한 몸매에 이목구비가 또렷한 아가씨들만이 아니다. 신이 빚은 조각들처럼 그들이 빛나는 것은 시베리아의 대지를 화려하게 수놓는 무수한 들꽃과 어울리기 때문이리라. 짧은 여름의 햇살을 어서 받으려고 한겨울 언 땅에 뿌리내리던 안간힘을 다 모아 순식간에 세상에 피어나는 야생화는 싱싱한 시베리아 처녀들과 함께 거친 땅에서 생의 활력을 증언하는 자연의 선물이라 할 것이다.

철길 옆 늪지대 어디서든 흐드러지게 피어나는 시베리아의 들꽃은 세상의 어떤 정원보다 화려하다. 이반차이, 라마쉬카, 체르다빨로흐, 마찌-이-마쩨하, 쉬뽀브닉, 돈닉, 브루스닉, 그리고 시베리아의 강가에 흐드러지게 피어 있는 해당화……. 그 한 아름의 들꽃만으로도 당신은 이역만리 달려간 보람을 느낄 것이다.

영화 〈시베리아의 이발사(The Barber Of Siberia)〉(우리나라에서는 〈러브 오브 시베리아〉라는 제목으로 상영되었다)에 나오는 화려한 가을 풍경 또한 온통 눈 덮인 시베리아의 이미지를 간직한 사람들에게는 예기치 않은 탄성을 자아내기에 충분하다. 8월 하순부터 완연한 가을빛으로 물들기 시작하는 시베리아의 숲은 심한 일교차 탓에 세상 어느 곳의 단풍보다 진하게 원색의 갈잎들을 자랑한다. 자작나무와 잎갈나무는 물론 형형색색의 수십 가지 활엽수들이 뿜어내는 짙은 가을의 향기는 오묘한 자연의 축복이라 아니할 수 없다. 지상의 어떤 예술가가 저 빛나는 가을의 오후를 모방할 수 있겠는가? 시베리아의 가을이 저물어가던 9월 하순, 바이칼 호수에서 홀로 물줄기가 흘러나오는 호젓한 앙가라 강에 떠돌던 한 폭의 흰 범선만큼 내 생애 인상적인 풍경을 나는 아직 기억하지 못한다.

  한겨울 시베리아에서 빛나는 것은 태양만이 아니다. 그칠 줄 모르고 내리는 눈은 세상을 덮고 세상을 비춘다. 한여름 찬란하게 초원을 장식하던 들꽃도 나무 위에 다소곳이 앉아 있다. 아무도 흔적을 남기지 않고 눈밭을 걸어갈 수는 없다. 광활한 눈밭에 스친 발자국을 영원히 남길 수도 없다. 강은 깊이 얼고 검은 숲엔 흰 정적만 감돈다. 적막의 공간에서 적멸의 세계를 본다.

시베리아의 지리와 기후

러시아는 아시아와 유럽의 경계인 우랄 산맥을 기준으로 서쪽의 러시아 대지와 동쪽에 펼쳐진 시베리아 대지로 이루어져 있다. 우리가 '시베리아'라고 부르는 지역은 넓게 보아 우랄 산맥에서 태평양 연안에 이르는 동쪽 지역 전체를 가리킨다. 시베리아는 중국과 미국을 합친 면적에 근접하는 세계 최대 러시아 영토의 무려 3분의 2를 차지하고 있다. 이는 지구 전체 육지 면적의 12분의 1에 해당하는 엄청난 크기다. 이처럼 넓디넓은 시베리아 땅을 러시아인들은 레나 강 서쪽 노보시비르스크라는 도시를 중심으로 한 서시베리아, 예니세이 강을 경계로 바이칼 호수에 인접한 이르쿠츠크라는 도시를 중심으로 한 동시베리아, 블라디보스토크·하바롭스크·캄차카·사할린 등을 포괄하는 태평양 연안의 극동 지역으로 나눠 부르고 있다.

시베리아 하면 연상되는 이미지 중 하나인 영구동토층 '툰드라'는 주로 시베리아의 동북쪽 끝에서 연속적으로 나타나며, 그 두께는 보통 10미터 미만이지만 시베리아 북부인 야쿠츠크 지역에는 1,000미터 이상인 곳도 있다. 계절상 여름이 되면 지표면에서 1~2미터까지는 해동되지만 그 밑에 얼어 있는 토양 탓에 눈 녹은 물이 땅속으로 침투할 수 없어서 해빙기에는 곳곳이 물에 잠기게 된다. 따라서 시베리아 북부를 여행하려면 물이 다시 얼어붙어 개썰매나 순록썰매가 단단한 얼음판으로 변한 강과 늪지대 위를 순조롭게 달릴 수 있는 겨울까지 기다려야만 한다.

동토층 남쪽으로 발달한 타이가 지대와 그 아래 드넓은 평원에는 소나무, 가문비나무, 전나무, 잣나무, 잎갈나무 등이 무성하게 자라고 있다. 러시아의 유럽 지역과 함께 서부 시베리아 남단에는 자작나무가 번성하며, 극동 지역에는 사시나무가 많다. 툰드라에는 많은 특산종 동물이 서식하는데 북극여우, 북극나그네쥐, 흰올빼미, 흰멧개, 참새류, 기러기, 오리 등이 살고 있다.

시베리아 하면 빼놓을 수 없는 것이 엄청나게 내리는 눈이다. 눈이 가장 많이 오는 겨울의 열흘 동안 모스크바의 적설량은 50센티미터 정도, 우랄 산맥 서쪽은 80센티미터 정도인데 비해 극동 해안 지역으로 갈수록 적설량은 늘어나 캄차카 일부 산지에서는 100센티미터 이상을 기록하기도 한다. 시베리아 지역에서 눈이 본격적으로 내리기 시작하는 시기는 보통 10월 중이며, 대부분 지역의 해빙기는 5월이다. 많은 눈은 교통을 두절시키고 사람들의 경제활동을 가로막지만, 다른 한편 30센티미터 정도의 눈은 보온 역할을 하여 겨울밀, 호밀, 알팔파 같은 작물 재배에 적절한 것으로 알려져 있다.

02 캄차카
작열하는 반도, 원시의 아름다움

 오늘, 도시의 일상에 지친 자들은 캄차카로 가야 한다. 하릴없이 이어지는 비루한 삶을 드러내는 빛나는 햇살이나 한밤의 전등조차 마다하는 사람들은 캄차카로 떠나야 한다. 파리와 뉴욕의 가벼운 유혹을 벗어날 만큼 성숙한 이들도 캄차카행 비행기에 몸을 실어야 하리라. 거기, 북국의 아름다운 아바차 만(灣)은, 방랑자의 견고한 고독과 우수에 벗이 되어주리니, 캄차카는 잃어버린 과거, 그러나 사라지지 않는 야생의 증거이기 때문이다.
 아시아 대륙의 동북단 오호츠크 해와 베링 해 사이에 길쭉하게 뻗어 나온 북태평양의 캄차카 반도에서는 아직 화산이 폭발하고 뜨거운 간헐천이 예제없이 솟아오른다. 캄차카 강과 뭇 생명의 지류들이 힘차게 또는 고요히 흐르고, 3,000~4,000미터가 넘는 산봉우리들이 원시의 흰 눈에 덮여 있다. 야생의 호수에는 한반도의 남대천까지 내려온다는 연어와 송어가 무더기로 살고 있고, 바다 한가운데 솟아오른 기암괴석은 수천 마리 새들의 낙원이다. 강가에서 순진한 어부들이 낚시질을 하고 있고, 유라시아 대륙의 동쪽 끝자락 북태평양 연안까지 흘러들어온 우리 동포들은 억센 운명과 마주하고 있다.

캄차카의 매혹은 여름에도 눈부신 산정과 설산을 타고 넘는 장엄한 구름, 예고 없이 타오르는 화산과 200개의 뜨거운 온천수가 강렬하게 치솟아 오르는 간헐천 협곡에 있음이 분명하다. 헬기를 타고 우존 칼데라(Узон Кальдера)에 올라 그 장관을 접하노라면, 순간 현실과 환상의 경계가 어딘지를 분간할 수 없게 된다. 하지만 며칠 머무는 여행자는 결코 욕심을 부려서는 안 된다. 빙벽과 강풍, 변화무쌍한 기온은 캄차카 화산들의 정상에 사람들이 쉬 오르는 것을 허락하지 않기 때문이다. 멀리서 또는 가까이서 바라보는 것만으로도 지극히 아름다운 것들을 기어코 소유하려 해서는 안 된다.

그 추운 북방에 무슨 생명체들이 존재하겠는가 생각될지 모르지만 캄차카에는 시력이 뛰어난 물범, 청어·대구·연어·송어·같은 물고기와 무당게, 수렵에 종사하는 사냥꾼과 어부만 사는 것은 아니다. 단단하고 멋들어진 두 뿔을 자랑하는 산양, 결코 우둔하지 않은 갈색 불곰, 북극여우와 밍크 등이 각양각색 야생

조류들과 어울려 인간 거주의 한계점에서 평화롭게 살고 있다. 아니, 초원과 강물의 평화는 유난히 후각이 발달한 야생의 포식자만 누리는 것인지도 모른다. 얼마 남지 않은 유목민의 소유인 순록 떼와 산란기의 연어들은 기나긴 동면을 위한 불곰의 양식이 되어 순진하나 거룩한 일생을 마치는 경우가 허다하다.

하지만 불곰 역시 인간의 사냥 목표가 된 지 오래이니, 그들마저 온전히 평온한 일생을 보장받고 있는 것은 아니다. 외지에서 들어온 밀렵꾼들의 장삿속으로 불과 20년 전에 비해 절반으로 줄어들어 이제 1만 마리 남짓 살아 있는 그 맹수의 미래 또한 불안하기는 마찬가지다. 사람의 발길이 잦아질수록 줄어드는 야생의 서식지, 그것은 단지 이 지구상에서 점차 사라지는 동물종의 개체가 한두 개 더 늘어나는 문제만은 아니다. 종국에는 인간 문명의 취약성을 여실히 드러내는 자연의 되갚음으로 돌아올 것이다.

캄차카의 역사는 모피 동물을 사냥하려는 잇속 밝은 사람들이 17세기 말부터 이 고요한 땅에 진을 치면서 시작되었다. '검은 황금'을 사냥해 수출하려고 요새를 구축하고 해도를 작성하여 육중한 배들이 들어오면서 페트로파블롭스크가 건설되었고, 이후 18~19세기에는 북태평양의 부동항으로서 러시아와 미국의 무역상들이 모피와 고래를 거래하는 국제 무역항이 되었다. 이후 캄차카는 소련의 태평양 해군 기지로, 냉전 시기에는 핵잠수함 기지로서 외국인의 출입이 금지된 군사 기지가 되었다가 1990년대에 들어서야 개방되었다. 이제 캄차카는 누구나 맘만 먹으면 갈 수 있는 생태 관광지요, 번잡하지 않은 원시의 자연을 갈망하는 사람들의 휴양지가 되었다.

남북으로 무려 1,200킬로미터에 이르고 면적이 47만 평방킬로미터가 넘는 드넓은 캄차카 반도에는 채 40만 명이 안 되는 사람들이 살고 있다. 그나마도 현대식으로 생활하기에 불편한 조건과 어업 말고는 주민을 먹여 살릴 다른 산업이 발달되어 있지 않은 터라, 바깥세상으로 빠져나가는 사람들이 계속해서 늘고 있다. 현재 인구의 대다수는 슬라브족이며, 옛날부터 이 땅에 터를 잡고 살아온 원주민인 코랴크족 7,000여 명은 북부 자치구에, 이텔멘족 1,000여 명은 남쪽에, 추크치족 1,500명 정도는 북쪽 내륙에 살고 있다. 그 옛날 베링 해를 건넌 아메리카 원주민처럼 유럽인에게 무자비하게 학살된 것은 아니지만, 겨우 수천 명 남짓으로 줄어든 시베리아 원주민의 운명도 문명의 침투를 거부하지 못하고 애잔하게 생애의 석양을 바라보고 있는 것이다.

캄차카의 기후가 사람이 살지 못할 정도로 가혹하다고는 할 수 없다. 반도의 북부라고 해도 1월 평균 기온은 영하 18도 안팎이고, 7월 평균 기온은 영상 14~15도 정도이다. 식물 생육 기간

캄차카 무역항

도 80~90일에 이른다. 여행객들이 베이스캠프를 치고 머무르는 남쪽에 위치한 주도(州都) 페트로파블롭스크의 여름 기온은 보통 영상 13도 정도이다. 작열하는 태양에 환호하며 카리브 해나 지중해로 갈 것이 아니라면, 서늘한 캄차카는 푹푹 찌는 한여름에 도시의 무더위를 피해 심신의 안온을 구할 수 있는, 지구상에서 가장 온전한 피서지의 하나에 속할 것이다.

11월 토굴 속에 들어간 불곰이 긴 잠에서 깨어나는 3월까지 고요한 침묵의 겨울이던 캄차카에 새 생명이 움트는 시기는 5월경이다. 그때쯤 간헐천의 따스한 열기가 풍요로운 화산의 땅 캄차카 대지에 퍼져 새순이 돋고 폭포수는 더욱 힘차게 흐르기 시작한다. 1996년 유네스코 세계자연유산으로 지정된 크로노츠키 자연보호구역의 야생동물 보호자인 발로쟈는 느긋하게 온천욕을 즐기며 야생의 일상을 감싸주는 만물의 조화에 감사한다. 계곡 돌 틈에서 솟아나는 물은 섭씨 100도로 며칠씩 입은 그의 옷들을 막대기에 감아 잠시 담갔다 꺼내기만 해도 저절로 빨래가 된다. 그새 산허리에, 풀밭에, 강가에 녹음 방창한 여름이, 북방에서 만끽하는 천국의 나날들이 다가오고 있다.

두 달을 넘지 못하는 캄차카의 여름은 원시의 자연과 신비한 생명력이 원색으로 꿈틀거리는 계절이다. 풀로 치면 화려하기 그지없는 꽃이요, 나무로 치면 무성한 줄기와 햇빛에 빛나는 잎이다. 백야의 숲 속 유르트에는 목동 부부와 아이가 세상에서 가장 편안하게 잠들어 있고, 몇 겹으로 둥글게 말아 올린 뿔을 자랑하는 사슴들도 주인의 곁을 멀리 떠나지 않는다. 그렇게 우거진 숲에 8월 하순의 햇살이 내리면 초원의 잎사귀에는 서리가 앉기 시작하고 드넓은 평원엔 붉은 이끼로 짠 융단이 깔린다.

그때쯤 연어들은 수심이 얕고 잔자갈이 깔린 강의 상류 여울목에서 힘겹게 산란을 하고 생을 마감하며, 몸무게가 500킬로그램에 육박하는 불곰 수컷은 번식기를 맞아 여러 마리의 암컷을 거느린다. 캄차카의 대지는 그 모든 것을 넉넉히 품어 안고, 소모적 도시에서 사람들이 가져온 때 묻은 욕망과 번민, 기도마저도 묵묵히 들어준다.

캄차카 가는 길

시베리아 대륙의 일부라고는 하지만 교통편으로는 사실상 섬과 다름없는 캄차카에 가려면 비행기를 타는 수밖에 없다. 상대적으로 가깝다고 할 수 있는 하바롭스크에서 매일, 블라디보스토크에서 주 3회 캄차카행 항공편이 있다. 모스크바와 페테르부르크에서도 9~10시간씩 비행기를 타고 여름 휴양을 오는 러시아인들과 유럽인들이 점차 늘고 있다. 옐리조보 공항에서 내려 캄차카 반도 안으로 들어서면 버스를 이용할 수 있고, 화산과 온천 지대를 둘러보는 특별 관광을 위해서는 헬기를 이용할 수도 있다. 5월 초순에 휴가를 얻어 며칠 훌쩍 떠나고자 하는 젊은이들에게는 그때까지 캄차카에서 스키를 즐길 수 있다는 정보가 매우 반가울 것이다. 물론 아바차 만 여행은 보트를 이용한다. 페트로파블롭스크 가까이 웅장하게 솟아 있는 아바차 화산(해발 2,741미터)이나 코랴크 화산(해발 3,456미터)에 오르면 빛나는 만년설봉과 탁 트인 북태평양의 푸른 바다가 당신의 좁은 품에 서늘하게 들어올 것이다. 다만 여름철 캄차카의 숲속과 강변에는 모기떼가 많으니 몸을 가리는 얇은 그물이나 스프레이가 필요하다.

03 바이칼 호수
시베리아의 심연 또는 문명의 원형

시베리아에 바이칼만 있는 것은 아니지만, 우리는 바이칼 호수를 뺀 시베리아를 상상하기 어렵다. 그것은 블라디보스토크에서 모스크바로 질주하는 횡단 열차를 빼놓고 시베리아를 이야기하는 것과는 다른 차원이다. '시베리아의 진주'로 불리는 바이칼 호수는, 스스로 만물의 영장이라 우기는 인간의 역사와 그 역사를 풍상의 세월과 더불어 지켜보아온 나무와 새와 바위와 물범 그리고 가난한 어부의 깊은 인연을 상기시킨다. 한밤중 교교히 호수를 비추는 달빛을 보고 있노라면 그 호수의 심연만큼이나 세상 만물 존재의 심연을 응시하게 된다. 억겁의 세월을 일렁이는 파도에 담고 있는 바이칼은 세상 밖으로 나가지 않더라도 우리 앞에 펼쳐져 있는 하나의 우주다.

시베리아의 한복판에 초승달처럼 박혀 있는 이 호수의 이름

'바이칼'이 언제 어디에서 유래하여 무엇을 뜻하는지는 지금까지 속 시원히 밝혀진 바 없다. 사람들이 이 호수를 현재의 이름으로 굳혀서 부른 것은 18세기 말부터라고 하며, 그전에는 퉁구스 말로 바다를 뜻하는 '라마'나 '달라이'라고도 불렸다 한다. 언어학자들에 따르면 '키다랗고 양이 많은 물'이라는 뜻을 가진 말이 부랴트어, 야쿠트어, 아랍어 등에도 존재한다고 한다. 터키인들에게 '바이칼'은 일반적인 남자 이름이기도 하다. 무려 2500만 년으로 추정되는 호수의 나이를 생각해볼 때 이 모든 것이 다 어느 시절엔가 호수 주변에 터를 잡고 살았던 부족들의 말에서 유래하여 그 뜻은 비슷하나 서로 달리 발음된 것인지도 모른다.

지금도 호수 안 알혼 섬과 호수 주변에서 '부랴트 공화국'이라는 이름 아래 살고 있는 부랴트족은 '사냥감이 풍부한 호수'라는 뜻으로 바이칼을 부르고 있다. 그들은 필경 옛날에는 호수 근처에서 살다가 지금은 동북부 시베리아에 거주하고 있는 야쿠트족(그들은 '야쿠트' 또는 '사하 공화국'의 주된 민족이다) 말인 '바이갈('바다'라는 뜻)'을 받아들였을 것이라는 추측이 그럴듯하다.

그 유래가 어떻든 간에 바이칼 호숫가에서 둥지를 틀고 살았던 모든 부족은 이 호수를 '성스러운 물', '신성한 바다'로 여겨 받들었다. 지금까지도 부랴트족이 신성시하는 성소(聖所)들이 호수 주변에 널려 있으며, 특히 알혼 섬에서 많이 발견된다. 이르쿠츠크 시내에서 바이칼 호수 쪽으로 가다보면 큰길 옆 숲 속 오솔길의 나뭇가지에 주렁주렁 매달려 있는 가지각색의 헝겊들과 그리 낯설지 않은 돌무더기들이 눈에 띈다. 단지 물이 담겨 있는 호수 그 자체만이 아니라 바이칼은 주변의 산과 숲, 언덕, 들판, 냇가를 모두 아우르는 샤머니즘의 원형인 것이다.

앙가라 강줄기가 이제 막 시작되는 호수의 남쪽 리스트뱐카 마을 앞 물속의 샤먼 바위는 스스로 전설이 된 바이칼이 품고 있는 많은 이야기들의 시작이다. 그 옛날 아버지 바이칼 추장이 외동딸 앙가라를 이르쿠트에게 시집보내려 했으나 제멋대로인 말괄량이 딸이 야밤에 힘센 예니세이에게 도망가 버리자 바이칼이 그것을 막기 위해 내던진 돌멩이가 바로 샤먼 바위이고, 절망한 이르쿠트는 눈물을 머금고 돌아설 수밖에 없었다는 것이다.

이런 낭만적인 전설과 이야기들이 언제부터 꾸며졌는지는 모르겠으나, 처음부터 외지인들에게 그런 이야기들이 알려진 것 같지는 않다. 17세기에 처음으로 바이칼에 당도한 러시아 모험가들에게 이 호수가 무슨 감흥을 불러일으켰는지는 남겨진 기록이 없어 알 수 없지만―그들은 돈이 되는 광석이나 흑담비에 관해서는 언급했지만 예술적 감수성을 요하는 바이칼의 인상에 관해서는 입을 다물었다―이후 적지 않은 문필가와 종교가, 외교관 등이 다녀가면서 바이칼 송가(頌歌)는 일일이 다 나열할 수 없을 정도로 쌓여만 갔다. 바

시베리아의 목조 가옥 ©송학선

이칼 애호가이자 숭배자답게 이르쿠츠크 출신 작가 라스푸틴은 그 호수를 직시하며 찬탄했던 아바쿰 사제장과 작가 체호프와 곤차로프를 거론하며 이렇게 쓰고 있다.

> 바이칼에 관한 환호에 찬 평가가 너무 많아서 책 한 권으로 묶어도 부족할 정도다. 더욱이 글로 쓰이지 않은 것은 백배나 더 많아 음악으로 만들어진 것들이 하늘에 대답할 필요가 있는 날에 사람들이 감사하는 아름다운 노래로 울려 퍼지리라. 비록 바이칼이 어떤 사람들에게는 무엇보다 신비한 감정을, 다른 사람들에게는 미학적인 감정을, 또 다른 이들에겐 실용성을 일깨웠지만 어쨌거나 오랜 세월 동안 바이칼에 대한 숭배는 사람들에게 일반적인 것이었다. 인간은 바이칼의 모습에 망연자실했는데, 왜냐하면 그것이 인간의 상상 밖의 형상이었기 때문이다. 바이칼은 비슷한 무언가가 있어야 할 자리가 아닌 곳에 있었고, 있을 수 있는 모습이 아닌 다른 형상으로 존재했으며, 보통 '무심한' 자연과 다르게 인간의 영혼에 영향을 미쳤던 것이다. 그것은 특별하고 비범하며 예외적인 그 무엇이었다.[3]

---

3 Валентин Распутин, *Сибирь, Сибирь...*, Иркутск, 2000, p.68.

호수와 더불어 살아가는 어부와 사냥꾼들에게 바이칼은 살아 있는 생명체다. 그것은 숨을 쉬고, 기지개를 켜고, 몸을 뒤척이며, 인자한 할머니처럼 너른 가슴으로 온갖 물고기와 짐승을 포용하다가 갑자기 사나운 곰으로 변신하여 호수를 건너는 사람들을 물어뜯고 내동댕이친다. 사계절의 기후만큼이나 변화무쌍한 바이칼은 그 자체로서 독특하고 놀라운 존재여서 굳이 괴물의 전설 따위로 새삼스럽게 신비로운 포장을 할 필요를 느끼지 못한다.

청량한 햇살 아래 푸르게 빛나는 잔물결, 그 잔물결 위를 스치듯 날아가는 갈매기들, 휘영청 달빛에 어린 은빛 일렁임, 호수 안으로 흘러드는 336개의 크고 작은 계곡들의 속삭임, 홀로 호수를 빠져나와 유유히 흐르는 앙가라 강의 평화로움, 바로 가까이 손을 뻗으면 금방 닿을 것 같은 건너편 산의 듬직함, 원주민들이 '큰 바다'와 '작은 바다'라고 불렀던 깊은 물과 머나먼 수평선, 그리고 여기저기 작은 만(灣)들이 모두 바이칼을 이루고 있다.

바이칼에는 모두 서른 개의 크고 작은 섬들이 있다. 그중 가장 큰 곳이 바로 샤머니즘의 본향이라고 할 알혼 섬이다. 러시아는 물론 세계 각국의 고고학자들이 고대 문명의 흔적을 찾아 발굴 조사를 진행하고 있는 이 섬에 혹자는 칭기즈칸의 무덤이 있다고 말한다. 알혼은 넘치는 문명에 지친 자들이 고즈넉한 언덕

바이칼 호숫가의 전통 가옥 창문 ⓒ송학선

위에 앉아 오염된 세상으로부터 적당히 떨어져 있는 호수를 내려다보며 한때나마 야생을 호흡하기에 적당한 곳이다. 거기에는 아직 이기심에 물들지 않은 사람들이 기꺼워하는 들꽃이 흔연히 피어 있고, 조랑말과 토종닭과 강아지 두 마리가 사이좋게 발로쟈 청년과 뛰어놀고 있다. 거기에는 또한 뒷모습이 퍽이나 외로워 보이는, 누구도 기다리지 않는 초로의 신사가 나무 벤치에 앉아 있으며, 거나하게 술에 취한 원주민 할아버지가 마당에서 장작을 패고 있다.

  이제는 관광 상품이 된 부랴트족의 무속에 짐짓 섞여 들어가 한바탕 춤을 추고 한밤중 빛나는 별들이 내려다보이는 마당에서 모닥불을 피울 수도 있으리라. 이 외딴 섬에도 급기야 전기가 들어오고 현대식 숙소까지 들어서는 바람에 주민과 관광객이 일견 편해진 것도 같지만, 세상의 소음과 인공의 빛, 자연으로부터 거리를 두게 만드는 지나친 편리함을 피해 고요하고 조금은 쓸쓸하기도 한 외진 곳을 찾으려는 나그네에게는 마냥 반가운 일만은 아니다.

바이칼 호변에서 일광욕을 즐기는 여인 ©송학선

바이칼의 생물들

자연이 만든 거대한 어항으로서 바이칼은 세계에서 보기 드물게 거의 모든 담수 어종을 기르고 있다. 대부분은 다른 어떤 곳에서도 볼 수 없는 희귀종들이라고 한다. 1980년대 호소학(湖沼學)연구소의 조사에 따르면 이곳에서 서식하는 동식물의 종류는 무려 2,500종 이상으로, 그중 3분의 2 정도가 바이칼 밖에서는 볼 수 없는 것들이다. 굳이 비교해서 말하자면 탕가니카 호에는 수심 100~200미터 정도에서만 생물이 살고 있는 데 비해 바이칼에서는 심해 1,400미터에서 민물가재가 발견되었다. 밑바닥에서 끊임없이 맑은 물이 솟아나고 있는 것으로 확인된 바이칼은 제지공장 따위를 지어 이 청정수를 오염시키기로 작정한 인간의 무지를 비웃는 자정능력을 보여주고 있다.

바이칼에 사는 물고기들 중에서도 특별히 언급해두어야 할 것은 바다에서만 사는 것으로 알려진 물범 네르파와 민물새우 에피슈라다. 호숫가 아쿠아리움에서 사람들에게 숫자 세는 능력을 보여주는 물범 네르파는 이 호수의 상징물로서 많은 사람들의 귀염을 받고 있다. 그런데 이 신기한 생물이 어찌하여 뭍으로 둘러싸인 호수에 살게 되었는지에 대해 여태껏 뭇 학자들의 설(說)만 분분할 뿐이다. 혹자는 예니세이 강과 앙가라 강이 범람하여 그리되었다 하고, 혹자는 거대한 레나 강으로부터 왔다고 하며, 다른 이는 카스피 해의 물범과 같은 종이라고 말하기도 한다. 그런가 하면 그 크기에서 가히 네르파의 꼬리지느러미라도 간질여줄 수 있을까 싶게 미미한 것들이 바이칼에 무더기로 살고 있다. 극도의 청결함을 유지하는 에피슈라는 눈에 겨우 띌 정도로 작아

물범 네르파

떼로 몰려다니면서 혼탁해지는 바이칼의 물을 걸러내는 일을 훌륭하게 수행하는 수염 달린 새우다. 이 작은 새우 없이는 수심 40미터까지 육안으로 들여다보이는 청정한 바이칼을 기대하기 힘들 것이다. 남한 면적의 3분의 1에 해당하고 세상 민물의 20퍼센트를 담고 있는 이 거대한 호수가 손바닥 안에 수백 마리가 들어가는 작은 새우의 몸놀림에 의존하고 있는 것이다.

바이칼 가는 길

바이칼로 들어가는 길은 여러 갈래가 있으나 동시베리아의 주요 도시인 이르쿠츠크와 몽골에 가까운 도시 울란우데가 호수에 가장 근접한 큰 도시다. 이어서 러시아 여행을 염두에 두는 사람들은 이르쿠츠크를, 이후 몽골이나 중국 여행 일정을 계획하는 사람들은 울란우데를 통해 바이칼로 가는 것이 좋다. 여름(6~8월)에는 인천공항에서 이르쿠츠크까지 직항편이 다니지만, 다른 철에는 블라디보스토크나 노보시비르스크, 아니면 모스크바나 페테르부르크를 통해서 갈 수도 있다.

바이칼 호수를 일정에 포함시킨 패키지 여행 상품은 흔히 관광객이 북적거리는 리스트뱐카 마을에 들러 청어 비슷한 훈제 오물이나 구경하는 것으로 끝내버리기 일쑤다. 하지만 멀리 시베리아까지 달려가서 이 특별한 호수를 '직접 겪어보려면' 이르쿠츠크 역에서 동쪽으로 세 시간 정도 더 간 곳에 위치한 슬루쟌카 역에서 바이칼 호수를 끼고 도는 완행 열차(바이칼 순환 열차)를 타보아야 한다. 본래 이 철길은 시베리아 횡단 철도의 일부였으나 앙가라 강 댐 건설로 일부 구간이 수몰되어 지금은 총 84킬로미터의 거리를 쉬엄쉬엄 여덟 시간 가까이 운행하는 추억의 기찻길이 되었다. 편안한 마음으로 잔잔한 물가를 따라가다 보면 철길 옆에 곧추선 바위들 틈 여기저기 피어 있는 들꽃과 작은 날갯짓을 하는 귀여운 새들을 어린아이처럼 반갑게 바라보고 만져볼 수 있을 것이다. 이르쿠츠크에서 슬루쟌카로 가다가 중간에 위치한 높은 언덕배기에서 잠시 차를 멈추고 저 멀리 탁 트인 바이칼 남단을 내려다

훈제 생선 오물

보노라면 막혔던 가슴이 시원하게 뚫리는 기분을 맛볼 수도 있다. 물론 시간이 충분하다면 호수 안에 있는 알혼 섬까지 들어가보는 것이 바이칼의 정수를 맛보는 방법일 것이다.

04 알혼 섬
바람과 숲, 그리고 오솔길의 평화

호숫가 통나무집을 떠나 호수 속 섬으로 달리는 길은 언덕 위의 바람처럼 시원하다. 야생화가 흐드러진 초원이 끝없이 차창을 스치는가 싶더니 한가로이 풀을 뜯는 젖소들이 금세 떼 지어 나타난다. 방죽에 늘어진 나뭇가지들이 유유히 흐르는 실개천을 덮고 있다. 아무 데도 목동은 보이지 않는다. 하늘은 높은데 뭉게뭉게 흰 구름은 나지막이 산천 위를 떠돌고 있다. 그냥 이대로 시간이 멈추어도 좋겠다. 하기야 지난 세기 20년대 말부터 30년대 초까지 저 악명 높은 스탈린의 농업 집산화 광풍이 평온한 시베리아 벌판을 덮치지만 않았더라면, 황금기를 구가하던 시베리아의 농부들이 이처럼 일상의 평화를 꿈으로만 간직하지 않아도 되었을 것을……. 그리고 그들은 이 땅에 훗날 덴마크를 능가하는 낙농지를 개척했을 것이다.

이르쿠츠크에서 알혼 섬으로 가는 길 ©송학선

58 시베리아 예찬

야생의 시베리아, 문명의 시베리아

바람을 만난다. 잠시 기념사진 한 장을 위해 아스팔트에 내린 사람들은 자신의 몸을 가누기도 힘들다. 버스 안에서는 상상도 못한 세찬 바람이다. 꼬마 아이는 벌판의 연처럼 그대로 공중으로 날아갈 판이다. 창밖으로 보이던 산들이 왜 그렇게 허연 등성이를 다 드러내놓고 밋밋했는지 짐작이 간다. 무시로 불어대는 바람에 나무들이 미처 흙 속에 뿌리내릴 겨를이 없었던 것이다. 그럼에도 산자락의 소들은 너무나 태연하게 풀숲을 헤집고 있다. 이제 갓 지은 듯한 통나무집도 용케 잘 버티고 있다. 이 강풍은 어디서 불어와 어디로 가는가? 사람과 자연 사이에 바람이 부는데, 안에서는 그것을 알 수가 없다.

선착장에 도착한다. 바이칼 호변 리스트뱐카를 출발한 지 네댓 시간쯤 지나서일까? 오지의 섬으로 떠나는 정류장치고는 꽤 널찍한 그곳엔 주차장 말고도 잠시 들러 요기할 수 있는 간이식당과 상점들 몇 개가 자리하고 있으며 완만한 경사의 야산이 다정하게 호수를 둘러싸고 있다.

사람과 차량을 함께 싣고 알혼 섬을 왕래하는 바지선이 한 척뿐인지라 제 차례가 돌아올 때까지 마냥 기다리는 수밖에 없다. 8월의 초입, 날씨는 서서히 가을로 접어들고 있지만 여름철 휴가를 평범하지 않은 섬에서 보내려는 휴양객들은 여전히 알혼 섬에 들고 난다. 구름 사이에서 종종 얼굴을 내미는 늦여름의 느슨한

알혼 섬 후지르 마을 ©송학선

햇볕은 웬만큼 가벼운 물건들은 쉬 날려버리는 호수 바람의 위세에 눌려 기를 펴지 못한다. 오래 기다린 철선이 물살을 가르며 출항하고, 뱃전에 부딪히는 호풍(湖風)은 매서운 한겨울 바닷바람을 뺨친다. 뭍에서 호수로 한 발을 뻗고 있는 동산의 바위들이 제 그림자를 넘어가는 사람들에게 잠시 작별 인사를 건넨다.

섬에서 가장 큰 후지르 마을에 당도하려면 다시 삼사십 분을 더 달려야 한다. 선착장에 이르는 길도 좋았으나, 정작 섬 안에 펼쳐진 시골길은 영락없이 동화 속 한 장면을 방불케 한다. 몇 마리씩 모인 소떼들이 한가로이 풀을 뜯고 있는 푸른 구릉들 사이로 구불구불 이어진 앙증맞은 오솔길들……. 영화 〈서편제〉에서 주인공 아버지와 남매가 장구를 치고 창을 하며 떠돌던 바로 그런 길이었으나, 다만 남도의 보리밭과 야트막한 돌담 대신 드넓은 풀산이 배경이다.

소나무일 성싶은 나무 한 그루가 어쩌다 산등성이에 홀로 박혀 심심한 바람과 노니는 모습은 아련한 옛 추억을 불러일으킨다. 마치 어머니의 젖가슴처럼 보드라운 그 동산에서 순진무구한 동무들과 조석으로 뛰놀며 오래도록 어린 시절을 보낸 것 같은 환상이 인다. 작은 마을을 몇 개 지나 애초 '소금 동네'라는 어원을 가졌다는 후지르에 이른다. 불과 두 달 전에 지어진 현대식 통나무 방갈로 숙소에 드니 그새 알혼의 첫날밤이 찾아와 있다.

알혼 섬 선착장에서 바라본 바이칼 호수와 야산 풍경 ©송학선

부르한 곶, 부랴트족의 성소 ⓒ송학선

호수 저편에는 제법 산맥을 이룬 봉우리와 절벽이 위용을 드러내고 있다. 암석 성분 탓인지 바위가 온통 백색에 가깝다. 검은 구름, 하얀 산, 푸른 호수가 묘한 조화를 이루고 있다. 본래 섬 주민들의 성지로 여겨져서 제의를 주관하던 샤먼(당골) 말고는 출입이 금지된 곳이었으나, 1960년대에 외부인에게 개방된 이후 점차 관광지로 변한 부르한 곳을 들렀다가 돌아오는 호숫가 모래사장에 작은 통나무집 한 채가 서 있다.

우리네 시골집 헛간의 절반도 되지 않을 크기의 오두막 옆에서 소년 하나가 장작더미를 만지고 있다. 알 수 없는 언어로 수다를 떨며 지나가는 행인들을 그는 다만 무심히 바라볼 뿐 어떤 제스처도 취하지 않는다. 그것은 그의 집이 아니다. 캠핑을 하는 젊은이들은 가까운 야산에 텐트를 치고 있다. 알고 보니 그것은 '바냐'라는 이름의 러시아식 사우나였다. 말하자면 소년의 영업장인 것. 그는 아마 동네 어름에 사는, 곤궁한 집안 사정상 스스로 가계를 책임져야 하는 가장일 것이다. 어쩌면 소년은 그 나무상자에서 여름 한 철을 온전히 다 보내고 있는지도 모른다.

바로 호숫가 모래사장에 자리 잡은 바냐의 위치는 기가 막힐 정도이나, 가건물이라 그런지 가격은 숙소에 설치된 사우나에 비해 훨씬 싸다. 일인당 50루블이던가? 소년은 말없이 호숫가 오두막을 달궈 처음이자 필경 마지막이 될 동방의 손님들로부터 너끈

부르한 곶에서 바라본 바이칼 호수 ©송학선

히 일당을 벌고, 바이칼은 여전히 짙푸르게 출렁인다.

알혼 섬엔 순진한 아이들이 마음껏 뛰놀기에 그만인 넓고도 낮은 구릉과 짐승이 한가로이 풀을 뜯는 초지만 펼쳐져 있는 것은 아니다. 여기저기 뻗어 있는 정겨운 오솔길을 따라가다보면 소나무와 참나무, 자작나무들이 사이좋게 어우러진 숲이 나온다. 그 숲 속 어딘가 옹기종기 모여 앉아 쉴 만한 풀밭 옆에는 빨갛고 귀여운 열매들을 잎사귀 밑에 감추고 있는 관목들 사이로 소리 없이 실개천이 흐른다. 한여름 눈 밝은 동네사람들의 자취를 비켜섰던 꼬마 버섯들도 수줍게 자리를 지킨다. 다감한 처녀들은 여기저기 숲 속의 소박한 풀잎들을 정성스레 카메라에 담는다.

숲 속에 난 오솔길은 깊고도 평화롭다. 늦여름의 한적한 햇살과 서늘한 바람이 나무 꼭대기 이파리들을 맘대로 휘젓고, 참새보다 작은 시베리아 산새가 이따금 산보객에게 휘리휘리 신호를 보내곤 한다. 사람들은 말없이 그냥 걷는다. 그래도 좋다. 한겨울엔 두꺼운 얼음판으로 변한다는 길바닥은 군데군데 웅덩이가 패어 있고, 백 년을 넘게 살았을 것 같은 늙은 나무뿌리는 땅속에서 마구 기어 나와 기묘한 형상을 짓고 있다. 잠시 샛길을 따라 숲 속으로 들어가 본다.

고요. 한낮 숲 속의 이 온유한 정적을 뭐라 형용할까? 가만,

알혼 섬 숲 속 오솔길 ⓒ송학선

걸음을 멈추고 하늘을 쳐다본다. 평온한 숲 속에서는 사람이 주인이 아니다. 그저 한 그루 나무, 한 포기 풀처럼 그렇게 숲의 일부가 된다. 알아들을 수 없는 산새의 울음소리에 귀 기울이며, 아무렇지도 않게 부딪히며 빛나는 나뭇잎들 사이로 쏟아져 들어오는 오후의 햇볕을 받으며, 그렇게 멈추어보라. 감출 것도 내세울 것도 없이 온전한 존재로 남는 나. 나는 숲을 떠도는 것이 아니다. 숲의 벗이 되고 내가 숲이 되어 거기 충만한 생(生)으로 차오른다.

05 알타이 산지
웅장한 시베리아, 정다운 시베리아

시베리아 횡단 열차가 지나는 남쪽에 말없이 자리하고 있는 천혜의 명승 알타이는, 속세의 사람들이 미처 예기치 못한 놀라운 시베리아를 선사하려는 자연의 걸작이라 함직하다. 초원과 타이가가 끝없이 펼쳐지는 동·서시베리아를 방랑하다가 당신은 이제 잠시 걸음을 멈추고 정겨운 들판과 야트막한 언덕과 물소리가 청아한 계곡들을 마주하며 마치 할머니의 품속에 안긴 아이처럼 안온함을 느낄 것이다.

그런가 하면 우뚝 서 나그네의 앞을 가로막는 3,000~4,000미터가 넘는 즐비한 고산준령에 넋을 잃게 될 것이요, 사막의 캐러밴을 연상시키는 낙타의 무리들을 보고 스스로 이국인임을 새삼 깨닫게 될 것이며, 비로소 야생의 곰과 사슴의 나라에 왔다는 것을 실감하게 될 것이다.

비야 강

절벽에 둘러싸인 호수가 뭉실한 저녁 안개에 젖어들고 탄성이 절로 나오는 바위와 동굴들의 기기묘묘한 형상이 펼쳐지면 더 이상은 형언할 말을 찾기 힘들어진다. 알타이 땅에 저절로 자라는 온갖 풀들은 그대로 약초가 된다. 단단하고 붉은 사과와 바위틈 에델바이스가 손 안에 잡힌다.

사람들은 이곳 풍경을 접하면 금세 스위스며 뉴질랜드를 떠올린다. 가보거나 들어본 곳이 기껏 거기밖에 없기 때문이다. 그러나 알타이는 세상의 유명하다는 그 어느 곳과도 비교될 수 없다.

근래 강변과 숲 속에 하나둘씩 멋들어진 여행자용 숙소가 들어서고 있지만 아직 알타이에는 야생의 자연이 살아 있다. 사람들의 머릿속으로 이윤과 편리를 계산하여 길들인 공원이 아니라 말 그대로의 천연스러움이 보존되고 있는 곳이다. 비경에도 불구하고 알타이의 많은 지역이 그네들처럼 세련된 관광지로 개발되지 않았다는 사실이 얼마나 다행스러운 일인지 모른다. 알타이는 은근히 숨어 있다. 떼 지어 몰려다니는 동방의 여행객들을 피하고 싶어서일까? 그리로 가는 길이 멀고 고단한 탓이다.

그렇더라도 말년의 인생이 넉넉해 보이는 독일에서 온 연금 생활자들은 카툰 강변 '키위 로쉬(새둥지)'에서 너무 덥지 않은 8월의 햇살을 만끽하며 소나무 숲을 거닐고 있긴 하지만, 우리에게는 아직 낯선 땅이다. 그럼에도 알타이는 예로부터 왠지 익숙하다. 우리말이 '우랄알타이 어족'에 속한다는, 그 진위가 의심스러운 학설을 중학교 국어책에서 배웠던 기억 탓일까, 관념 속 어딘가에 알타이는 남아 있다. 그러나 정작 알타이가 친밀하게 다가오는 건 책자에서 그곳 사진들을 보고 곧바로 달려가 그 땅을 밟으면서부터다.

알타이는 오랫동안 잊고 있었던 시골 언덕배기와 시냇가, 마소와 염소가 아이들과 벗 삼아 노니는 풀밭이 펼쳐져 있는 우리네 할머니 할아버지들의 고향이다. 깊게 주름진 할아버지의 얼굴,

셀렌가 강

텔레츠코예 호수

물기가 다 빠져 꺼칠꺼칠하게 두터워진 할머니의 손길이 오늘도 도회지에 나간 손자들을 기다리는 그런 시골 마을이다.

알타이는 하루에 다 둘러볼 수 있는 작은 동네가 아니다. 알타이는 남쪽과 북쪽을 통틀어 크기로 따지면 영국이라는 섬나라 전체와 맞먹는다. 생태계의 보고인 산지 알타이만 하더라도 남한의 크기에 버금가니 차분히 음미하려면 한 달은 족히 걸리고 아무리 주마간산을 하더라도 사흘은 넘겨야 한다. 아니, 세상에 내한 온갖 잡다한 관심일랑 다 벗어던지고 그저 아무 생각 없이 열흘 정도는 카툰 강변이나 텔레츠코예 호숫가에 눌러앉아 굳어진 심신을 풀어야 이 소중한 땅의 햇빛과 바람과 물소리를 온전히 느낄 수 있게 될 것이다. 들판과 산과 골짜기마다 주렁주렁 달려 있는 전설과 신화의 보따리 중 그저 몇 개라도 들어보려면 너무 빨리 헤집고 다녀서는 곤란하기 때문이다.

바이칼의 아우인 텔레츠코예 호수와 반가이 악수하고, 거침없고 강인하고 장엄한 위용을 드러내는 벨루하 만년설 앞에 서면, 당신은 우주의 존재를 온몸으로 느끼게 될 것이다. 그 순간은 누군가 말한 대로 침묵만이 가장 위대한 언어임을, 장관(壯觀)에 대한 최상의 묘사임을 실감하게 될 것이다. 그리고 예로부터 어떤 가혹한 시련에도 모험을 마다않는 순정한 알타이 사람들이 그토록 찾아 헤맸으나 깊고 깊은 알타이 땅 어딘가에 숨어 자신을 보여주지 않는 지상 낙원 벨라보지예가, 어느 날 뜻밖에 당신 앞에 나타나게 될지도 모른다.

알타이 산지의 곳곳을 휘돌아 흐르는 카툰 강은 이 땅의 풍족한 살림을 도맡아 하는 안주인이라고 할 만하다. 아내를 뜻하는 '카튄'이라는 말을 알타이 사람들이 괜히 강 이름에 붙였겠는가? 그 풍부한 유량과 빠른 유속은 이 강에 반해 며칠씩 래프팅에 몸을 맡긴 청춘들을 닮아 거칠 것이 없어 보인다. 하지만 수천 년의 세월을 담고 흐르는 카툰은 벨루하 만년설과 함께 청춘의 변덕을 마다하고 묵묵히 제자리를 지키며, 더 넓은 세상을 찾는 지류들을 품어주고, 풀밭과 숲들을 적셔주고, 어미와 떨어진

부랴트족 전통 나무집 - 유르트

알타이 카툰 강

꼬마 새들의 먹이를 모아주고, 정처 없는 짐승들의 우리를 마련해준다. 알타이의 밤하늘 별처럼 반짝거리는 카툰 강변의 사금(砂金)은 벨루하의 찬연한 눈빛에 대응하는 자연의 조화라고 할 것이다.

 그 넉넉한 품을 가꾸느라 미처 자신을 돌볼 겨를이 없어서일까? 카툰 강물은 내내 우윳빛 희뿌연 물길로 흐르다가 여름의 끝자락에야 조금 맑아지지만 결코 청정한 호수로 변신하지는 않는다. 벨루하 산에서 두 줄기 빙하 물로부터 흘러나와 강가에 가득한 수만 가지 모양의 조약돌에 부딪히면서 카툰은 우아한 자태의 아가씨가 아니라 세상 풍파를 다 겪은 씩씩한 아주머니의 모습으로 알타이의 모든 생명을 품어주고 있는 것이다.

카툰 강의 여름 축제는 급류와 고니 떼와 섬들이 합작으로 만들어내는 한바탕 향연이다. 작은 마을 어귀에서 다급하게 부서지다 한 박자 멈춰 숨을 고르고 다시 힘차게 강변의 조약돌들과 점점이 흩어져 있는 섬들에 여지없이 부딪히는 카툰! 강 건너 부드럽기 그지없는 언덕에는 슬며시 여름날 저녁의 어스름이 내려앉기 시작하고 소나무 밭에 자리한 정자의 탁자에 나무 그림자가 어리면 고니는 떼를 지어 물살과 함께 미끄럽게도 날아오른다.

  바이칼 호의 아우라고 할 수 있는 텔레츠코예 호수는 여러 모로 바이칼을 닮았다. 형제자매가 서로 비슷한 얼굴이지만 성격이 다르듯, 두 호수 또한 생김새가 흡사하되 각기 품고 있는 것들에서 차이가 난다. 우선 두 호수는 같은 고도에 위치하여 아래서 위로 길게 뻗은 모양을 하고 있는 것이 닮았다. 또 두 호수는 흘러들어오는 수많은 계곡 중에서 큰 강줄기를 하나씩 가지고 있는데 바이칼의 셀렌가 강, 텔레츠코예의 출리시만 강이 그것이다. 그런가 하면 두 호수로부터 흘러나가는 강도 앙가라 강과 비야 강 단 하나씩이다.

  하지만 바이칼 호보다 훨씬 작은 크기(15분의 1)에 수심도 300미터 정도인 텔레츠코예 호수는 수량도 그만큼 적다. 거기에는 네르파(물범)도 살지 않으며, 바이칼 호를 점점이 수놓는 섬들도 찾아볼 수 없다. 혹자는 '바이칼이 오라토리오라면 텔레츠코예는 발라드'라고 비유한다.

대신 텔레츠코예 호수에 아주 흔한 것이 바위 절벽이다. 마치 호수가 절벽들의 테두리 안에 들어앉아 있는 모습이다. 작은 텔레츠코예가 더 귀한 것은 바이칼보다 덜 노출되어 그만큼 천연의 모습을 잘 보존하고 있기 때문이다. 알타이어로는 '알틴 콜'이라고 부르는데, '황금의 호수'라는 뜻이다. 텔레츠코예라는 이름은 호숫가에서 유목 생활을 하다가 17세기에 대귀족가문에게 정복당한 텔레츠족에서 유래했다고 전해진다.

호수의 명칭을 두고 원주민 사이에 전해 내려오는 전설 하나쯤 없을 수 없다. 아주 심한 흉년이 들었던 어느 해 한 양치기가 금덩이를 주워서 먹을 것과 바꾸려 했다. 그러나 가는 곳마다 흉작이어서 금덩이도 배고픔을 덜어주지 못하자 절망한 양치기가 그것을 호수에 던져버렸으니 그때부터 이곳이 황금의 호수로 불리게 되었다는 것이다.

알타이 사람들에게는 고개를 꼿꼿이 들고 정면으로 벨루하를 바라봐서는 안 된다는 속설이 전해 내려온다. 그런 탓인지 앞장서 짐 지고 가며 그 웅장한 산악을 이방인에게 안내해줄 원주민을 구할 수가 없다. 부랴트족에게 바이칼이 그러했던 것처럼, 알타이인에게 벨루하는 인간이 범접할 수 없는 '신성한 산'인 것이다. 알타이 땅에 자신의 자취를 남기고 간 많은 이들은 사람의

혀와 펜으로는 형언할 수 없는 자연의
형상에 원주민들과 외경심을 같이 나눌
수밖에 없었다. 러시아 혁명 전후에 시
베리아에 거주했던 작가 보로셀로프는
산맥 사이에서 단지 "이 위대함에, 이
진정한 아름다움에 나는 기도를 하고
싶었다!"고 토로할 뿐이었다. 그보다 훨

알타이 벨루하 산

씬 전인 19세기 중반에 알타이 탐사대의 일원으로 벨루하를 접
했던 화가 메이에르는 이렇게 쓰고 있다.

> 가쁜 숨을 몰아쉬며 나는 정상에 올라 환희에 온몸을 떨었
> 다.……폭설 속에 얼어붙은 대양처럼 멀리서 만년설이 빛나고
> 그 사이에 밝은 하늘색 카툰 산맥이 송곳니가 난 거인처럼 솟
> 아 있다. 골짜기에는 안개가 뱀처럼 피어올랐다. 그러나 이 풍
> 경을 전달하기 위한 단어와 색채가 어디 있단 말인가?!……모
> 든 것을 다 바라본 후 나는 나 자신을 바라보았다. 나는 도대
> 체 누구란 말인가?……그 모든 권능과 아름다움을 가진 살아
> 있는 신을 만난 것 같았고, 가련한 인간인 주제에 그 형상을
> 전달하기를 꿈꿨다니! 하는 생각에 갑자기 스스로 부끄러워
> 졌다.[4]

야생의 시베리아, 문명의 시베리아

만년설은 히말라야에만 있는 것이 아니다. 아시아의 심장부 알타이의 4,506미터 벨루하 산 위에도 묵묵하고 장엄하게 쌓여 있다. 그것은 세상의 문명이 막무가내로 들어오기 힘든 곳에서 호수를 앞마당 삼아 안개와 햇빛과 바람과 조화를 이루며 우주의 일부로 존재하고 있다.

---

4 Распутин, *Сибирь, Сибирь...*, p.130.

알타이 가는 길

알타이는 행정구역상 크게 북쪽의 알타이 주(알타이스키 크라이)와 남쪽의 알타이 공화국(리스푸블리카 알타이)으로 나뉜다 (알타이 공화국은 산지 알타이[고르니 알타이]로도 불린다). 동·서시베리아와 마찬가지로 끝없는 평원이 이어지는 알타이 주의 중심 도시는 18세기 초반에 형성된 인구 약 60만의 바르나울이며, 산지 알타이의 수도는 한 공화국의 중심지치고는 아주 아담한 인구 5만의 고르노알타이스크다.

바르나울의 나무로 지은 식당

시베리아에서 큰 도시에 속하는 바르나울로 가는 항공편은 가까운 노보시비르스크와 모스크바에서 매일 운행되며, 페테르부르크, 이르쿠츠크, 블라디보스토크 등지에서도 비행기로 갈 수 있다. 기차편은 더 흔해서 러시아의 주요 도시에서 매일 운행되는데, 모스크바-바르나울 구간은 약 60시간이 소요된다.

산지 알타이로 가는 길은 좀 더 수고스럽다. 러시아의 주요 도시에서 고르노알타이스크로 직접 가는 항공편은 아예 없기 때문에 바르나울을 통해서 가든지, 아니면 노보시비르스크에서 저녁에 출발하는 기차를 타고 비야 강변에 자리한 비스크에 도착하여 다른 교통편으로 갈아타야 원하는 목적지로 갈 수 있다. 산지 알타이에는 호텔이 있지만, 카툰 강변과 운치 있는 호숫가 여기저기에 자리 잡고 있는 펜션 격인 투르바자를 이용한다면 훨씬 기억에 남는 휴양이 될 것이다.

투르바자

06 이르쿠츠크
자유정신과 예술혼이 서린 도시[5]

시베리아에도 사람들이 산다. 그 독특하고도 아름다운 풍경에 여지없이 닥치는 가혹한 기후 조건을 이겨내기 위해 원주민들과 이주 농민들, 장사꾼들, 관리들, 그리고 유형수들은 서로 모여 살 수밖에 없었고, 그래서 많은 도시들이 생겨났다. 동쪽 연해주에서 러시아의 중심지로 열차를 타고 가면 극동의 블라디보스토크, 우수리스크, 하바롭스크, 벨로고르스크, 스코보로디노를 지나 본격적인 시베리아 도시들인 치타, 울란우데, 이르쿠츠크, 타이세트, 크라스노야르스크, 노보시비르스크, 옴스크, 튜멘을 거쳐 우랄 산맥 인근의 예카테린부르크를 지나게 된다. 그러고는 볼가 강을 끼고 있는, 문호 톨스토이와 혁명가 레닌이 다

---

5 Распутин, *Сибирь, Сибирь*..., pp.103-128에서 부분 발췌하고 재구성함.

닌 대학이 있는 도시 카잔을 넘어 모스크바로 향한다.

크고 작은 많은 도시들이 시베리아 횡단 철도에서 가까이 또는 조금 멀리 산재해 있지만, 그중에서도 이르쿠츠크야말로 시베리아의 역사와 문화를 말할 때 으뜸가는 본보기라고 할 만 하다. 이르쿠츠크는 토볼스크나 톰스크, 캬흐타처럼 한때 시베리아의 중심지로서 영화를 누렸으나 퇴락한 변방으로 물러나버린 곳도 아니요, 시베리아의 신흥 대도시 노보시비르스크처럼 행정·경제 중심의 건조한 외양을 가진 곳도 아니며, 모스크바나 페테르부르크처럼 사람들을 압도하는 위용을 자랑하는 곳도 아니다.

이르쿠츠크는 바이칼 호수에서 빠져나온 앙가라 강이 시내 가운데를 유유히 흐르는 인구 60만 규모의 도시로, 17세기 중반에 세워진 작은 요새로부터 시작된 역사를 350년 가까이 이어오고 있는 친절하고 조용한 유럽식 도시다. 따라서 천 년 이상의 역사를 가진 고도(古都)를 빛내는 고색창연한 건물들은 찾아볼 수 없지만, 대신 신흥 도시의 번잡함이나 대도시의 답답함도 없이 그저 한가하게 100년이 넘은 목조 가옥들의 소박하고도 정교한 시베리아 문양들을 손으로 만지면서 하루 동안 다 둘러볼 수 있는 그런 아담한 도시다.

언제부턴가 '시베리아의 파리'라고 불리게 된 이르쿠츠크가 오늘의 모습과 특성을 간직하게 된 데는 무엇보다도 바이칼 호수로

현재 이르쿠츠크 대학

이르쿠츠크 기차역

야생의 시베리아, 문명의 시베리아 85

부터 고작 60킬로미터 떨어져 있다는 점, 그리고 20세기 초반 이후 시베리아 횡단 철도의 동·서 중간 기착지라는 물리적 위치가 큰 역할을 했다고 할 수 있다. 이르쿠츠크 사람들은 바이칼 호수에서 흘러나오는 차가운 앙가라 강물을 마시며, 아침 일찍 붉은 태양이 솟아오르는 청정한 호수에서 불어오는 바람을 깊이 호흡하며, 바이칼의 풍경과 영혼이 그들의 선조와 그 후예들을 강인하면서도 소박하게 키워왔다고 생각한다.

이 도시에 사는 사람들은 어려서부터 노년에 이를 때까지 수시로 바이칼 호수를 드나들며 그곳의 고유한 어종인 오물을 자작나무 연기에 쏘여 맛보고, 여름에는 가족이나 동무들과 함께 알혼 섬으로 들어가 일주일이나 보름씩 휴양을 즐긴다. 가을에는 청명한 하늘 아래 빛나는 단풍으로 수놓인 아스팔트길로 차를 몰아 바이칼에 내리는 석양을 고요히 바라보고, 겨울에는 꽁꽁 언 호수에 구멍을 파고 낚시질을 하거나 호숫가 급경사 언덕에서 눈썰매를 탄다. 심지어 제2차 세계대전 때처럼 얼어버린 호수 위에서 자동차를 몰고 헬기까지 띄우곤 한다.

이르쿠츠크는 시베리아의 남쪽 한가운데 자리 잡고 있는데다가 몽골과 가깝고 중국이나 중앙아시아 지역과도 멀지 않다. 따라서 이 도시는 러시아 입장에서는 예로부터 새로 식민지로 편입된 시베리아 지역을 통할하는 행정과 교통의 중심지로, 또 태평

이르쿠츠크 민속마을의
연주단 ⓒ송학선

민속마을에서 연주에 맞춰 춤추는
소녀 ⓒ송학선

야생의 시베리아, 문명의 시베리아 **87**

양 연안까지 이어진 동방으로 영토를 확장하는 거점으로 삼기에 안성맞춤이어서 오랫동안 동시베리아 총독이 파견되었던 곳이다. 그리고 나중에 시베리아 횡단 철도가 바로 이 도시를 경유하게 됨으로써 철도가 비켜 가버린 다른 도시들에 비해 여전히 비중 있는 도시의 지위를 잃지 않게 되었던 것이다. 그리하여 이르쿠츠크는 시베리아에 세워진 유럽식 근대 도시로서 중국, 조선, 일본 등 동서양의 문물이 만나는 문명 교류의 장터 역할을 하게 된 것이다.

우랄 산맥 너머 서쪽의 루스키(러시아인)에 비해 시비랴크(시베리아 사람)가 보다 강인한 심신을 가진 것은 이미 널리 알려진 일이요, 그 풍토로 볼 때 쉬 이해되는 일이다. 하지만 시베리아 사람들은 단지 외양만이 아니라 불굴의 정신으로도 유럽 쪽 러시아 땅에 사는 사람들과 구별되는데, 특히 이르쿠츠크라는 도시에는 어떤 억압과 박해에도 불구하고 인간의 자존심과 영혼의 순수성을 추구했던 사람들의 자유정신과 예술혼이 곳곳에 서려 있다.

르네상스를 거친 유럽의 다른 나라들에서는 한창 계몽 사조와 인간 이성의 신뢰에 기초한 사회 진보의 기운이 무르익고 입헌군주제와 의회제, 사상과 출판의 자유가 보편화되었던 19세기 중반까지 여전히 전제군주제와 농노제가 확고히 유지되고 있던 후진 러시아에서 그러한 현실을 목격하며 괴로워했던 이들이 바로 새

이르쿠츠크에 있는 12월당원 박물관 –트루베츠코이 기념관

로운 사회계층으로 떠오른 인텔리겐치아였다. 이미 18세기에 차르 정부의 관리 출신인 라디셰프가 『페테르부르크에서 모스크바로의 여행』을 통해 당대 농민들의 비참한 생활상을 고발한 바 있거니와, 프랑스 혁명 이후 은연중 유럽 사조가 들어오게 되는 19세기에는 그런 비판적 성향의 지식인들이 점점 늘어만 갔다.

그중에서도 역사의 기록에 남는 집단행동을 시도한 그룹이 있었으니, 훗날 '데카브리스트(12월당원)'라고 불리게 된 일단의 청년 장교와 그 지지자들이었다. 당시 일반적인 관습대로 귀족의 자제로서 장교로 입대하여 때마침 겪게 된 '조국 전쟁'에서 모스크바

톰스크 시청

까지 침입해왔던 나폴레옹 군을 내쫓고 내친 김에 프랑스의 파리에까지 진군해 들어갔던 후진 러시아의 청년 장교들은 자신들의 조국보다 훨씬 자유로운 유럽의 공기를 직접 마셔보게 되었다. 전장에서 돌아온 그들은 조국의 정치·경제 체제를 그대로 유지하다가는 필경 혁명적 변혁이 불가피하게 될 것을 예감하고 전제군주제를 입헌군주제로 바꾸고 야만적인 농노제도를 철폐해야 한다는 확신을 굳히게 되었다. 그리하여 북부 페테르부르크와 남부 우크라이나에서 급진적인 모임들이 조직되었고, 1825년 12월 14일 니콜라이 1세의 즉위식을 기해 일제히 봉기하기로 음모했으나 거사 직전에 발각되어 주도자들은 처형 또는 시베리아 유형의 운명을 감수하게 되었다.

그 사건이 벌어졌던 페테르부르크와는 전혀 다른 세계에 속했던 이르쿠츠크는, 그러나 목숨을 부지한 반란자들의 유형지가 됨으로써 이후 역사의 무게와 문화의 결이 한층 달라졌다. 그런 사건의 와중에서 빠뜨릴 수 없는 하나의 에피소드는 머나먼 제국의 수도로부터 시베리아의 한복판까지 헌신적인 부인들이 국사범의 아내가 되어 유형수가 된 남편들을 자진해서 따라갔다는 것이었다. 어제까지 고대광실에서 수많은 하인을 거느리며 영화를 누리던 귀족 출신의 마나님들이 수천 리 가시밭길을 마다하지 않고 순정의 길을 떠나는 장면은 한 편의 드라마가 아닐 수 없었다.

여하튼 당대 제정러시아에서 가장 진보적인 사상의 소유자들이었던 상류 귀족층이 대거 이주하게 됨으로써 이르쿠츠크는 '하느님은 높고 차르는 멀리 있는', 타락한 관리들의 가렴주구로 유명한 시베리아의 도시에서 일약 가장 개방적이고 진취적인 문화 도시로 거듭나게 되었다. 이르쿠츠크의 데카브리스트들은 이곳 사람들로부터 범죄자로 치부되지 않고 오히려 새로운 사조를 가지고 들어온 사상가·교육자·예술가로 존경받았으며, 실제로 과거의 반란자들은 이 시베리아의 작은 도시에서 진보적이고 인도주의적인 학술·교육·예술 공동체를 형성해감으로써 지역 주민을 계몽하고 역사에 커다란 흔적을 남기게 되었다.

지금도 시내에는 트루베츠코이 경, 발콘스키 백작이 살았던 집이 박물관으로 만들어져 당대의 풍경을 전하고 있으며, 시내 거리 중 하나에도 '데카브리스트'라는 이름이 붙어 있다. 이르쿠츠크 시내를 둘러보게 되면 이 두 박물관에 가보는 것이 좋을 것이다. 지금 그 흔적을 찾기는 어렵지만 데카브리스트 말고도 이 도시는 유독 혁명가들과 인연이 깊어서 세계적으로 유명했던 아나키스트 바쿠닌과 크로포트킨이 이곳을 거쳐 갔으며, 훗날 소비에트 정부의 지도자가 된 프룬제, 스베르들로프, 키로프, 트로츠키, 스탈린 등이 한때 정치범 생활을 했는가 하면, 그 반대편에 섰던 백위군 장군 콜차크 대장이 총살당한 곳이기도 하다.

데카브리스트의 자취 외에도 이곳을 방문하는 사람들에게 흥미를 자아내는 것은, 곳곳에 있는, 화려하다고는 할 수 없는 건물들과 그곳을 수놓은 무늬들이다. 본래 나무가 풍부한 러시아에서 전통적인 건축 양식은 목조 가옥이었으나 18세기 이후 서구 풍조가 들어오면서 석조 양식으로 바뀌게 되었다. 이르쿠츠크를 불행하게 만들었던 몇 차례의 불길로 상당수 훌륭한 목조 건물들이 잿더미로 변했고 지금 볼 수 있는 것은 소박한 박물관이나 민가로 남아 있는 것들뿐이다. 시내를 걷다보면 보행자의 눈으로 세세히 들여다보고 손으로 직접 만질 수 있을 정도의 목

스파스카야 교회

조 가옥들이 시내 여기저기에 남아 있는데, 창문에 새겨진 아기자기하고 섬세한 문양들은 나무에 새겨진 사람들의 숨결과 세월의 흔적을 고스란히 느낄 수 있는 소중한 수공예품들이다.

그런가 하면 정교회의 나라답게 이 도시에도 많은 교회가 있다. 그중에서 18세기 초반에 세워진 스파스카야(구세주) 교회는 표트르 대제 이전 고대 러시아 건축 양식의 건물이며, 조금 뒤에 지어진 보고야블렌스키(주현) 교회는 전통 양식과 새로운 양식이 조화로운 화려한 그림으로 장식된 초기 바로크 양식의 건물에

보고야블란스키 교회

이르쿠츠크의 정교회 ⓒ송학선

속한다. 20세기에 지어진 거창한 이르쿠츠크 주정부 청사 등 소비에트 양식의 건물과 비교하며 둘러본다면 흥미로울 것이다.

이르쿠츠크 가는 길

여름(6~8월)에는 매주 인천-이르쿠츠크 직항이 운행되며, 다른 철에는 극동의 블라디보스토크나 하바롭스크, 서시베리아의 중심지인 노보시비르스크, 또는 모스크바나 페테르부르크에서 매일 운행되는 국내 항공편을 이용할 수 있다. 시베리아 횡단 열차를 타고 싶다면 블라디보스토크로부터는 3박 4일, 하바롭스크로부터는 2박 3일의 기나긴 여정을 겪어낼 만한 단단한 각오가 필요하다. 보다 짧은 노선은 노보시비르스크에서 출발하는 것인데, 이 구간은 1박 2일이면 된다.

이르쿠츠크행 시베리아 횡단열차

07 샤머니즘의 고향

　사람의 숨결이 스치고 발자취가 남겨졌거나 또는 그저 우러르는 상상의 영역이라고 할지라도 세상의 모든 땅과 숲, 호수와 강과 하늘에는 자신만의 고유한 영혼이 서려 있다. 우랄 산맥 동쪽에서 캄차카에 이르는 광대무변의 거칠고도 아름다운 자연에서 운명에 적응하며 수만 년을 살아온 시베리아 사람들은, 줄기차게 퍼붓는 눈보라와 세상을 갈라놓을 것 같은 천둥·번개와 폭발하는 용암과 순진하게 흘러가는 강물 속에서 그런 영혼들을 만난다. 감히 알 수도 없는 오랜 옛날부터 세상에 나온 바위와 새와 풀과 구름은 순환하는 생명의 세계에서 인간의 벗이자 구원자이자 기도의 대상이었으며, 지배와 이용과 착취의 대상은 아니었다.

　바이칼에서 '한민족의 정신적 원류'를 찾는 사람들이 상상하는 시베리아는 샤먼의 시베리아다. 거역할 수 없는 자연의 조화 속에서 인간의 길흉화복, 천상세계와 지하세계의 변화무쌍, 오묘한 우주의 섭리를 강신자(降神者)의 몸으로 표현했던 전통 신앙인 샤머니즘은, 세상 어느 곳보다 바로 시베리아와 중앙아시아 지역에서 수천 년의 역사를 이어왔다. 계룡산에서 삼선교, 화려한 압구정동에서 허름한 서민촌의 뒷골목에 이르기까지 동서남북의 지방과 서울을 막론하고 '동양철학관'과 도사집이 성행하는 21세기 대한민국이야말로 어쩌면 정말로 그럴듯한 바이칼 샤먼의 후계자들이 사는 나라인지도 모른다. 첨단 정보사회를 자랑하는 나라에 넘치는 '복음'만큼이나 도시의 밤하늘을 빛나게 장식하는 그 무수한 붉은 십자가, 한국이라는 땅은 그야말로 '유체 이탈한 영(靈)들의 천국'이라 함직하다.

우리가 무당이나 당골(래)이라고 부르는 '샤먼'이란 말은 본래 시베리아의 사냥꾼이자 유목민 집단인 예벤키족의 퉁구스어에서 유래한 것으로 알려졌다. 그리고 20세기 초까지 북아메리카에서 이 용어는 남녀 민간 치료사를 지칭했다. '샤먼'의 존재를 유럽식 기독교 세계에 처음으로 소개한 사람은 17세기 러시아 정교회의 구교파 사제 아바쿰인데, 그는 샤먼을 악마를 섬기는 사람으로 보았다고 한다. 18세기에 시베리아를 여행하던 관리와 상인 그리고 학자들은 샤먼을 사기꾼이나 돌팔이의사로 간주했으며,

19세기 이후로도 그 특별한 시베리아 사람들을 정신이상자로 간주하기 일쑤였다.

'전통 사회에서 망아(忘我) 상태의 통제력을 유지할 수 있는 특정 전문가로서 치유자임과 동시에 제사장이며 사회사업가이고 신비주의자'라는 사회 통합자의 역할을 긍정하는 정의가 나온 것은 서구에서 인류학이 발전하는 20세기 이후의 일이다. 그만큼 샤먼과 샤머니즘의 존재는 '문명 세계'에서는 이해될 수 없는 일탈이자 병적인 현상으로 비추어졌던 것이다. 시베리아를 정복한 전제군주제하의 러시아인들에게도, 원주민을 '무지몽매'로부터 '이성과 계몽'의 세계로 구원하려고 했던 사회주의 체제하의 소비에트인들에게도, 극히 일부의 진지한 연구자들을 제외하고는 샤머니즘은 원시와 미개를 대표하는 시대착오적 현상으로 간주되었을 뿐이었다.

시베리아 사람들은 전통적으로 이 세계가 중계(中界), 상계(上界), 하계(下界)의 세 층으로 구성되어 있다고 믿었다. 중간계에 살고 있는 인간은 작은 구멍을 통해 상계에 도달할 수 있으며, 그곳은 인간이 상상할 수 있는 가장 아름다운 풍경과 자유롭게 뛰노는 동물들이 있는 곳으로 여겨진다. 하계는 죽은 자의 영역으로서, 웅가나산족은 하계가 춥다고 하여 망자에게 겨울 모피를 입힌 반면 야쿠트족은 하늘이 춥다고 여겨 샤먼들이 때때로 고

드름으로 뒤덮인 하늘을 여행하고 돌아온다고 믿었다. 시베리아 샤먼의 영혼은 자신의 몸을 벗어나 다른 세상, 곧 높디높은 천상계와 깊디깊은 지하계를 떠돌아다닐 수 있다고 한다. 샤먼은 영들에게 선택되어 망아 상태에 빠지고 사람의 영혼과 함께 공동체의 다른 구성원들이 가볼 수 없는 별세계를 드나드는 것이다. 그는 사람의 살을 해체하여 생명의 정수인 뼈대만 남게 한 다음 새로 맞추어서 다시 태어나게도 한다. 그는 영들과 싸워서 그들에게 희생당한 사람들을 치유하며, 적들을 죽일 힘과 사람들을 질병과 굶주림으로부터 지켜낼 힘을 얻어낸다. 그는 얼핏 보아 인간에게 이해될 수 없는 세상에서 벌어지는 온갖 일들의 진정한 원인과 그러한 현상의 본질을 해석해주는 영혼의 예언자이자 의식의 주관자이자 전통 사회의 인문학자였다.

하지만 샤먼의 존재와 사회적 위상은 시베리아의 각 지역마다 적지 않은 차이를 보인다. 부족의 규모와 생활환경의 차이가 신앙 행태에 직접적인 영향을 주었기 때문이다. 중부 및 북동부에 사는 예벤키족과 유카기르족 같은 소규모 순록 수렵인이나 유목민 사이에서 샤먼은 부족의 지도자이며 사냥감들의 영혼을 위해 영들과 통교하는 인물이다. 시베리아 북서부에 흩어져 사는 소수 응가나산족에게는 샤먼과 부족이 거의 관계가 없다. 그런가 하면 대규모 유목으로 큰 부족 집단을 이룬 남시베리아와 몽골에서 샤머니즘은 중세 이후 유입된 불교의 영향을 짙게 받아 제도화되었으며, 그곳의 샤먼들은 치료사의 역할뿐만 아니라 종종 희생 제의를 행하는 사제가 되기도 했다. 태평양 연안 추크치족과 코랴크족 사이에서는 부족이 약한 탓에 가족들이 자신들만의 고유한 의례 중 일부를 행하기도 한다.

치료술로서 시베리아의 샤머니즘은 지금까지도 전해 내려오는 우리네 민간요법과 상통한다. 예벤키족은 채소와 동물로 만든 모든 약재를 치료에 이용한다. 어린 사슴의 뿔은 강장제로 이용되며, 특히 녹용을 처음 잘랐을 때 안쪽에서 솟아나는 피는 아주 귀한 것으로 여긴다. 곰의 쓸개즙과 사향은 간질환과 위장병, 황달과 이질 등의 치료에 사용된다. 병자의 치유 과정에서 샤먼의 도움은 단지 최후의 수단으로서만 요청된다. 곧 샤먼이 그 공동체의 유일한 치료사는 아니며, 곧잘 약초 채집자, 산파, 접골사 등과 함께 일한다. 또한 샤먼들 사이에는 치유 능력에 위계가 존재하기도 하는데, 야쿠트족의 경우 흑샤먼들이 지하세계의 귀신들을 맡는 반면 백샤먼들은 깨끗하고 상서로운 천신(天神)들만 상대한다. 백샤먼들은 망아 상태에 빠지는 대신 기도를 하며, 희생 제물로서 동물을 죽이지 않고 한여름에 전통적으로 거행하는 이샤흐 축제에서 동물들을 바친 후 풀어준다.

오늘날 시베리아 각지에서 샤먼과 샤머니즘은 관광 상품으로 변질되어 있다. 바이칼 호수 안팎에 사는 부랴트족의 경우가 대표적이다. 아직 오염되지 않은 청정한 자연을 곁에 두고 살고 있지만 근대화의 물결 속에서 변변한 '산업'을 갖지 못한 그들은 물질적 가난 속에서 자신들의 전통 신앙을 상품으로 포장하는 솜씨를 발휘하게 된 것이다. 화려한 장식의 옷차림을 한 멋있는 남자 샤먼의 지휘하에 부족의 아름다운 여인네들과 어깨춤을 추고 천막집인 유르트 안으로 초대받아 비릿한 말젖까지 맛볼 수 있는 방문자들에게는 모처럼 호기심을 채울 수 있는 구경거리여서 과히 나쁘지 않은 경험이 될 것이다. 그러나 어쩔 수 없이 쇠락해가는 한 부족의 생애를 증언해주는 박물관의 문을 나서는 나그네의 심사는 쓸쓸하고 발걸음은 무겁기만 하다.[6]

---

6 시베리아의 샤머니즘에 관해서는 피어스 비텝스키, 『샤먼』, 김성례·홍석중 옮김, 창해, 2005, 6-10, 34-37, 101쪽 참조.

08 시베리아에는 시베리아 호랑이가 살지 않는다

시베리아 호랑이는 어디로 갔는가

조선시대의 민화에는 호랑이가 자주 등장한다. 마치 조상들이 집에서 키우던 가축처럼 친근하게 묘사된 것이 있는가 하면, 아주 영험한 동물로 그려져 있기도 하다. 그만큼 호랑이는 전통적으로 우리나라 사람들과 친숙한 동물인 동시에 두려운 동물, 곧 민간신앙에서 숭배의 대상이었다. 일연의 『삼국유사』에 실린 신라의 탑돌이 풍속에 얽힌 설화도 그런 정황을 일러주는 사례이다.

신라의 풍속에 매년 2월이 되면 8일부터 15일까지 남녀가 모두 모여 흥륜사의 법당과 탑을 돌며 복을 비는 모임이 있었다. 원성왕 때였다. 김현이란 청년이 밤 깊도록 혼자 쉬지 않고 탑돌이를 하고 있었다. 그런데 한 처녀가 나타나더니 염불하며 따라 도는 것이었다. 그들은 서로 눈이 맞아 탑돌이가 끝나자 가려진 곳으로 들어가 정을 통했다. 여자가 돌아가려 하자 김현이 따라나섰다. 여자는 한사코 뿌리쳤으나 김현은 굳이 따라갔다.

처녀가 서쪽 산기슭에 이르러 들어간 초가집은 바로 호랑이 굴이었다. 청년의 목숨을 걱정한 처녀와 처녀의 할머니는 그를 깊숙이 숨겨주었으나 밖에서 돌아온 호랑이 오빠 삼형제는 사람 비린내가 난다며 식욕을 발산했다. 할머니가 그들을 꾸짖고 있을 때 하늘에서 "너희들이 살아 있는 목숨을 해치기 좋아하는데 너무 심하다. 마땅히 죽여서 단번에 죄를 뿌리 뽑겠다"는 진노의 소리가 울렸다. 가족에게 닥칠 화(禍)를 제 몸으로 막겠다며 호랑이 오빠들을 도망치게 한 후 여자가 청년에게 말했다.

다음 날 저잣거리에 들어가 처참한 행패를 부리는 호랑이가 나타날 것인즉, 나라 안의 어느 누구도 그 호랑이를 잡지 못해서 결국 왕이 높은 벼슬을 걸고 포획 명령을 내릴 것이다. 그러면 겁먹지 말고 나서서 그 호랑이를 쫓아가 성 북쪽 숲 속에서 기다리고 있을 자기를 사로잡으라는 것이었다. 김현은 한사코 거절했지만 처녀로 변신했던 호랑이는 자신은 이미 천명을 누렸으니 모든 이에게 복이 되는 그 소원을 꼭 들어 달라고 간절하게 애원했다. 다만 자신의 사후 그 자리에 절을 짓고 불경을 읽어 좋은 업보로 삼아주기만 한다면 더 큰 은혜가 없을 것이라고 덧붙이니, 둘은 눈물을 흘리면서 헤어졌다.

뒷날 김현은 호랑이를 잡아 벼슬자리에 올랐고, 정인(情人)을 위하여 지은 절 이름을 호원사(虎願寺)라 이름 지었다.[7]

이 설화는 이미 삼국시대에 뿌리내린 불교문화를 배경으로 인간과 호랑이의 관계를 특유의 '의리'라는 관점에서 보여주고 있다. 웅녀 이야기도 그렇지만, 우리 조상들은 야생에서 인간을 능가하는 힘센 동물들을 자기네 방식대로 의인화함으로써 순치하고자 했던 것이다. 냉정하게 보자면 '하늘'의 도움에 의지해야 하는 사람들이 무서운 야생 동물들과 부질없이 싸우기보다는 공존하는 길을 택했던 것이리라.

그런데 이 설화에서 흥미 있는 대목 중 하나는 주인공 처녀의 오빠 호랑이들이 내보인 식인 습성이다. 호랑이 할머니의 만류와 '때마침' 그 장면을 내려다보고 있던 '하늘'의 진노로 그만 실패하고 말았지만, 그들의 '인간 사냥'은 배고플 때 나타나는 본능적

---

7 일연, 『삼국유사』, 고운기 옮김, 홍익출판사, 2001, 374-377쪽.

인 습성이었던 것이다.

그러나 더 이상 동물원이 아닌 이 땅의 야생에서 호랑이를 찾아볼 수가 없다. 그 많던 조선 호랑이들은 다 어디로 갔을까? 20세기 초반 일본 제국주의 세력이 한반도에 몰려오면서 호랑이도 집중적인 사냥 대상이 되었다는 사실은 이미 알려져 있다. 조선 땅에 살던 호랑이들은 제국주의의 끄나풀 밀렵꾼들이 쏘아댄 엽총의 희생물이 되었을 뿐만 아니라 일본으로 실어갈 목적으로 행해진 무자비한 삼림 벌채로 서식지까지 빼앗기게 되었다. 이후 한반도에서 3년간의 처절한 전쟁이 벌어졌고 이른바 근대화 바람이 불기 시작했다. 신작로를 대신한 고속도로가 백두대간을 싹둑 끊은 채 뚫리고, 곳곳에 거대한 댐이 건설되고, 시커먼 연기를 내뿜는 공장들이 들어서고, 부족한 땔감 탓에 민둥산이 늘어나면서 조선 호랑이는 자취를 감추게 되었다.

사실 '조선 호랑이'는 조선에만 살던 것이 아니었다. 조선 호랑이는 '시베리아 호랑이'라고 부르는 것과 같은 종(種)이다. 그 대담한 포식 동물이 날뛰고 어슬렁거리던 땅덩어리가 워낙 넓어 시베리아에서 만주, 조선에까지 미쳤던 것이다. 따라서 조선 호랑이, 만주 호랑이, 시베리아 호랑이는 사실 같은 호랑이종(Panteon tigris)을 두고 서로 다른 지역에 사는 사람들이 붙인 이름일 뿐이다.

그런데 '시베리아에 시베리아 호랑이가 살지 않는다'니 무슨 말인가? 시베리아에도 개발 바람이 불어 호랑이가 멸종했다는 말인가? 다행히 아직 그 지경까지 가지는 않았다. 흔히 '시베리아 호랑이'로 알려진 이 야생 동물의 보다 정확한 명칭은 '아무르 호랑이'이며, 그 서식지도 오늘날 러시아의 동·서시베리아로 부르는 지역이 아니라 '극동' 지역의 아무르 강 유역이라는 것이다. 익히 알려진 행정구역으로 말하면 블라디보스토크를 주도로 삼고 있는 연해주가 그 호랑이의 주된 거처라는 것이다. 그래서 정작 시베리아 오지에 가서 '시베리아 호랑이'를 찾아봐야 헛수고인 셈이다. 다만 지난 세기 초반까지만 해도 우랄 산맥 동쪽 전체를, 나중에 태평양 연안 주변에 '극동'이라는 명칭을 붙여 확실히 구분하게 되는 행정 지역까지 뭉뚱그려 시베리아라고 불렀다는 사실을 이해하면 '시베리아 호랑이'라는 작명이 근거 없는 것은 아니라는 사실을 알 수 있다.

호랑이와 인간이 같이 사는 법

연해주 시호테알린 산맥 중간을 흐르는 비킨 강변 숲 속의 사냥꾼들 가운데는 호랑이를 직접 쏘아본 사람도 있고, 호랑이를 절대로 겨누어서는 안 된다고 하는 사람이 있는가 하면, 심지어는 평생 호랑이를 본 적도 없다는 사람도 있다. 때문에 호랑이에 대한 사냥꾼들의 의견은 분분하지만, '호랑이를 쏜 사람은 결코 오래 살지 못한다'거나 '호랑이는 무슨 수를 써서라도 반드시 복수를 한다'는 말에는 대부분 동의한다. 어떤 이는 좀 더 그럴싸하게 '호랑이는 마법사'라고까지 말한다.

그들이 공통적으로 가지고 있는 믿음은 야생의 세계에서 사람들이 호랑이를 존중해주면 호랑이도 사람을 존중해주는데, 그렇지 않으면 필경 흉사가 벌어진다는 것이다. 이러한 속설은 원주민뿐만 아니라 수십 년간 야생 호랑이를 관찰하고 연구해온 '과학자'인 호랑이 전문가들도 인정하고 있는 듯하다. 호랑이의 복수에 관한 이야기는 어쩌면 자연을 학대해온 문명에 대한 복수로 해석해도 크게 무리는 아닐 것이다.

외부의 '문명인'이 '반(半)야만인'이라고 부르는 극동 지역 숲 속 원주민들 사이에서는 아직도 호랑이에 대한 경외심을 찾아볼 수 있다. 아마도 야생의 삶에서 자연이 부리는 신기한 조화의 혜택과 더불어 인간의 힘으로는 어찌할 수 없는 공포를 무시로 경험하는 원주민들은 이 무서운 포식 동물에 대항하여 싸워 이길 수 없는 무력한 인간의 한계를 인정하고 거꾸로 호랑이를 숭배하는 의식을 만들어냈을 것이다. 그 숭배 의식은 야영지의 모닥불을 가로지르며 퍼져나갔고, 숲 속의 외딴 유르트와 오두막집에 사는 사람들도 그러한 의식을 지켰다. 침입자들만 그러한 경외심 없이 호랑이에게 총을 겨누었다. 토착 사냥꾼들은 '타이가의 차르'의 무서운 마법에 걸려 사냥하려는 생각을 하지 않았을 뿐만 아니라 호랑이를 단지 값비싼 사냥 동물로 여기는 외부인으로부터 호랑이를 지키기 위하여 최선을 다했다. 옛 만주인들은 호랑이의 이름을 부르는 것조차 그의 분노를 살 수 있는 불경스러운 짓이라 하여 삼갔다.[8]

약 200만 년 전에 동아시아에서 출현한 것으로 여겨지는 호랑이종은 이후 아시아 대륙 전역으로 퍼져나갔고 결국 서식지가 완전히 분리된 채 별개의 집단을 이루어 살아가게 되었다. 그중 카스피 호랑이, 발리 호랑이, 자바 호랑이 세 종은 20세기에 이미 멸종했고, 또 하나의 아종인 남중국 호랑이는 거의 멸종 직전 상태에 놓여 있다. 따라서 이제 남은 것은 벵골 호랑이라고도 부르는 인도 호랑이, 인도차이나 호랑이, 수마트라 호랑이, 그리고 아무르 호랑이 등 네 종이라고 한다. 최근까지 야생의 숲을 거처로 하고 있는 호랑이는 약 5,000~7,000마리로 추정되고 있다.

끊임없이 계속되는 인구 증가와 경제 개발로 인한 자연 환경의

---

8 데이비드 쾀멘, 『신의 괴물』, 이충호 옮김, 푸른숲, 2004, 488쪽.

파괴, 암시장 거래를 위한 호랑이 사냥으로 시베리아 호랑이, 즉 아무르 호랑이의 개체 수가 점점 줄어들고 있다고 한다. 1990년 조사에서 극동 지역에 300~400마리 호랑이가 살고 있는 것으로 추정되었지만, 소련 체제의 붕괴 이후 곧바로 이어진 파괴적인 정치·경제 상황의 여파로 그 수가 감소 추세로 돌아섰다는 것이다. 전문가들이 보기에 그것은 '존속 가능한 개체군(viable population)'이라 부를 수 있는 규모, 곧 장기적 생존을 보장하기에는 매우 적은 수라고 한다.

사람들의 탐욕을 자극하는 자본주의 시장경제의 물결 속에서 비킨 강 유역까지 닥쳐오는 개발 바람은 무엇을 데려올까? 누대로 이어져온 골짜기의 고요와 평화를 파괴하는 콘크리트 건물들, 아스팔트가 깔린 번듯한 도로와 다리들은 이제 숲 속의 호랑이 숫자만큼밖에 남지 않은 원주민 우데게족의 운명에 마지막 타격을 가하게 될지도 모른다. 그들은 대대로 물려받은 사냥터가 잘려 나가고, 부족의 정겨운 삶의 터가 통나무를 실어 나르는 도로와 광산촌으로 변하고, 그나마 남아 있는 검은담비와 물고기를 찾아 외부 세계에서 몰려드는 인간 군상을 그저 지켜보아야 하는 처지로 떨어지게 될 것이다. 그와 때를 같이하여 비킨 강 유역에서 시베리아 호랑이가 자취를 감추리라는 것은 자명한 사실이 아니겠는가.

2부
시베리아로 간 사람들

01 원주민 또는 소수민족이라는 슬픈 이름

희미한 햇볕이 창가에 머무는 겨울날, 잔설에 덮인 높다란 나뭇가지 위에 앉아 힘겹게 날개를 퍼덕이는 작은 새처럼, 인적이 드문 일요일 오후 한적한 지하보도에서 홀로 떨고 있는 검은 개처럼, 문명의 세상에서 원주민이라는 이름은 쓸쓸하고 애잔하다. 점점 넓어져만 가는 인간의 주거지에 밀려 하릴없이 제 서식지를 내주어야 하는 선한 눈망울의 사슴들처럼, 그들의 운명은 깊은 연민을 자아낸다.

유럽의 인류학자 레비스트로스는 자신의 연구 대상이던 남미의 원주민 거주 지역을 '슬픈 열대'라고 불렀지만, 15~16세기 이후 유럽 문명이 잔인하게 휩쓸고 간 '미개인'의 거주지였던 아메리카·아시아·아프리카의 어느 동네인들 '슬픈 열대', '슬픈 한대', '슬픈 온대'의 명명을 비켜갈 수 있었겠는가? 어떤 '온화하고 세련된' 식민주의도 원주민의 영혼에 가한 그 깊은 야만의 폭력을 '문명'의 이름으로 정당화할 수 없으리라.

자연의 정복자가 아니라 그 자체의 일부로서 조상 대대로 나무와 풀꽃과 강과 햇볕과 밤하늘의 별과 교감하며 자유롭게 살아온 땅에서 원주민은 어느 날 갑자기 낯선 군홧발 소리와 함께 들이닥친 총과 대포에 맞서 부족의 생존을 지키려 싸우다가 스러져갔다. 또는 슬프게 살아남아 묵종하다가 가난한 노예로 전락한 그 후예들의 처지에서, 예컨대 '다른 제국주의 국가에 비해 영국 식민주의의 관대함' 같은 소리는 악어의 눈물에 지나지 않는다.

처음에는 향신료와 엘도라도를 탐한 장사꾼들이 앞장서고, 그 뒤를 이어 새로운 세계에 대한 무지와 오만과 사명감에 불탄 선교사들이, 그리고 마지막엔 '우아한' 귀족과 정부 관리들이 이방의 정복자로 군림하러 나섰던 서구 식민주의의 역사를 보라. 굳이 중남미 대륙의 마야나 아스텍 문명을 들먹이지 않더라도 곳곳에서 사라져간 원주민의 문명은 야만적이거나 미개해서 해체된 것이 아니었다. 정복자들이 먼저 가졌던 대량 살상용 무기와 군사 기술—원주민에게는 굳이 필요하지 않았던—을 미처 보유하고 있지 않았을 따름이었다. 중세의 선진 이슬람 문명을 도륙했던 후진 유럽 세계 기독교도의 십자군 전쟁, 당대 자신보다 수준 높은 문명을 구가했던 중국과 러시아, 동유럽까지 피바람을 몰고 갔던 몽골 기병대의 세계 정복을 보라.

그리하여 깊은 숲 속 또는 호젓한 강변에서 부족으로 살던 원주민의 절멸과는 또 다른 비극의 주인공은 어엿하게 나라를 이루어 살다가 근대에 이산(離散)의 운명을 겪은 민족들이다. 유랑민족을 말하면 흔히 가나안을 찾아 '출애굽'을 감행한 유대인을 떠올리지만, '고려인'의 광막한 유라시아 대륙 유랑 또한 역사적 비극의 대서사시라고 할 만하다. 서양의 어떤 오디세이보다 결코 덜 드라마틱하다고 말할 수 없는, 벌써 150년 가까운 그들의 유랑은 아직도 끝나지 않았다.

수렵과 목축을 생업으로 하여 살았던 시베리아의 수많은 원주민도 오늘날 두어 민족을 예외로 하면 이미 사라졌거나 많은 경우 근근이 명맥을 이어가는 이른바 (㈜)소수민족의 운명에서 벗어나지 못하고 있다. 중앙 집권형 국가 체계를 갖춘 러시아인이 시베리아에 발을 들여놓기 전인 16세기 말엽까지 시베리아에는 각기 흥미로운 이름을 가진 30여 민족, 25만 명가량이 흩어져 살았다고 한다. 그들 중에는 몽골어·투르크어·피노우그리아어 계통의 언어를 쓰는 민족들도 있었고 다른 지역의 언어와는 전혀 상관없이 자신만의 독특한 말을 쓰는 집단들도 있었다.

하지만 검은 황금으로 불렸던 모피를 얻기 위한 거친 모험가들의 동진(東進)에 이어 러시아의 시베리아 개척이 본격적으로 시작되면서 원주민의 비극 또한 피할 수 없게 되었다. 카자크(코사크)의 일원으로 알려진 예르마크는 영웅적인 시베리아의 개척자로서 러시아 역사서에 등장하지만, 우랄 지방 부호의 후원을 받으며 자행된 노략질과 살육을 무공으로 내세운 그의 부대가 행군할 때마다 시베리아 원주민 마을에는 조종이 울렸다.

부랴트족 전통 의상

 전제군주제의 통제력이 미치지 못하는 자유의 땅 시베리아가 이후 러시아인들에게 점차 알려지면서 우랄 산맥 동쪽으로, 저 유럽 쪽 러시아의 본토에서 농노제로부터 벗어나 처녀지를 갈구하며 파란만장한 길을 떠난 가난한 농노들의 이주 물결이 시작되었다. 거기에 더해 가혹한 야생의 땅에 인구를 늘리려는 목적으로 죄수들을 유형 보내는 국가 정책으로 많은 식민이 이루어졌다. 그리하여 19세기 말엽에는 서부 러시아에서 온 이주민이

러시아 목각인형(마트료쉬카)을 파는 원주민 ⓒ송학선

500만 명에 이른 반면 원주민의 비중은 급격히 줄어들었다. 그리고 한 세기가 지난 오늘날 원주민의 비율은 극동과 시베리아를 통틀어 약 3천만 명의 인구 중 5퍼센트에도 미치지 못하는 그야말로 소수 집단으로 전락했다.[1]

그나마 자기네 민족의 이름을 딴 자치공화국을 가진 야쿠트족(야쿠티아 또는 사하 공화국)나 부랴트족(부랴트 공화국)은 양호한 편이라 하더라도 다른 수십여 민족과 부족의 사정은 하루하루 사라져가는 소수민족의 비애를 그대로 보여준다. 시베리아 땅 곳곳에 들어온 외지인들과 섞이고 과거 사회주의 체제에서 민족주의의 발흥을 염려한 소비에트 국가의 다민족 융화 정책에 물들어 러시아인을 비롯한 바깥 출신들과 가족을 이루는 것이 흔한 현상이 되었다.

3천 년이 넘는 역사를 지니고 아직도 요르단 강 서안과 이스라엘이라는 '문명권'에 살고 있는 '착한 사마리아인'들도 이제 700여 명밖에 남지 않았다는 소식이 들려오는 것을 보면, 겨우 수백 명 심지어 수십 명 수준으로 격감한 여러 시베리아 원주민들의 내일은 봄이 와도 소생의 기운이 사라진 나뭇등걸과 같은 신세다. 그나마 젊은 세대는 자신의 언어와 전통을 뒤로한 채 도회

---

[1] 러시아인의 시베리아 이주에 관해서는 A. C. Зуев, *Сибирь: Вехи истори*, Нобосирск, 1999 참조.

지로 나가 러시아인의 현대 생활에 동화되고, 여전히 선조의 땅에 남은 세대는 곤궁과 질병에 시달리며 그중 많은 이들이 알코올 중독 상태에서 부족과 자신에게 허여된 생의 마지막 날들을 하염없이 보내고 있다.[2]

오늘 세상에서 사라져가는 원주민의 운명은, 그러나 한낱 동정의 대상만은 아니다. 그것은 인류가 옛날 옛적 숲 속 강변의 생활로부터 소중하게 가꾸고 지켜온 지혜의 원천이 소실되어간다는 보다 깊은 문명의 상실을 뜻한다. 근대인이 신봉해 마지않는 얕은 이성과 영성을 결여한 과학의 힘으로는 가닿을 수 없는 우리가 잃어버린 야생의 지혜를, 자연과 하늘과 동물과 인간에 대한 심원한 이해를 그들은 지니고 있었던 것이다.

---

2 극동 시베리아 지역의 소수민족 상황에 관해서는 안나 레이드, 『샤먼의 코트』, 윤철희 옮김, 미다스북스, 2003 참조.

02 우수리 강변
문명인의 고독과 야생인의 지혜

데르수 우잘라와 그의 문명인 친구

 연해주 우수리 강변 숲 속에 한 사냥꾼이 살았다. 러시아 본토에서 온 상인이나 탐험가, 또는 기독교도는 그를 '야만인'이라고 불렀다. 그 야만인에게는 조상 대대로 살아온 숲이 코스모스, 곧 세상 모두인 우주였다. 그는 자신이 숲 속에서 또는 강변에서 조우하는 만물을 살아 있는 생명으로 여기며 사람과 동일시했다. 심지어 개미 같은 작은 곤충까지 늘 염려한 그는 천둥·번개를 악마와 하늘의 신이 벌이는 싸움이라고 믿었다. 그리고 그는 타이가와 그 안에서 살아가는 주민을 종족의 구별이 같은 코스모스에서 살아가는 이웃으로서 사랑했다.
 원주민 데르수 우잘라와 친구가 되었던 러시아 탐험가 아르세니에프는 처음에 그의 특이한 생각과 심성, 기묘한 행태를 이해할 수 없었다. 그저 태곳적부터 존재할 뿐인 자연을 그 자체로서 엄연한 인격으로 대하는 데르수. 문명과 야만은 너무나 거리가 멀었다. 하지만 시간이 지나면서 이 문명인 친구는 야만이라는 용어가 비합리와 미신의 수준에 머물러 있는 저급한 인간의 생활양식을 지칭하는 것으로 이해되는 도시인의 상식을 깊이 회의하게 되었다. 야생의 세계에서 스스로 겪어보니 야만인의 말이 논리적으로 오류인 적도 없었고 사물을 있는 그대로 판단한다는 사실을 인정하지 않을 수 없었다. 문명 세계에서 온 자신보다 그가 훨씬 더 현명하게 사태를 파악하여 길 잃은 탐험대를 구원했고 '극히 합리적으로' 앞뒤를 헤아리며 세상을 살아가는 모습을 반복하여 체험했기 때문이다.

　바깥세상에서는 자부심을 주는 문명이란 것이, 지극한 아름다움과 무한한 두려움이 공존하는 야생의 세계에서는 얼마나 허약한가를 그 자연과학도는 절실하게 깨달았다. 그리고 나서야 진정으로 야생인 동무와 더불어 자연의 조화가 빚어내는 세상에서 가장 아름다운 순간을 기꺼이 느낄 수 있게 되었다. 예전에는 그저 아무렇게나 스쳐지나갔던 조약돌 하나에도 억겁 세월의 우주가 주름져 있음을 알게 되었고, 광대무변의 시공간에 존재하는 한 개체로서 그는 이제야 숲 속에서 맛보는 '진정한 고독'을 즐길

줄 알게 되었다고 고백했다.

> 진정한 고독은 자신의 삶을 되짚어보는 순간에 가장 절절하다. 오래도록 팽개쳐둔 자신의 실체가 기억 저편에서 가만히 다가오는 것이다. 과거는 한낱 지난 세월이 아니다. 그것은 눈에 보이는 실체다. 살아 있는 인간이 겪은 모든 관계, 모든 행위가 단지 과거라는 이름으로 묻혀버린다는 것은 너무도 잔인한 노릇이다. 구슬픈 바람이 굴뚝을 어루만졌고, 지붕 위의 마른 풀들은 서로 바스락대며 울고 있었다.[3]

인간의 명징한 이성과 근대 과학을 신봉하는 탐험가의 눈에 비로소 하루 동안 세상을 비춘 태양이 쉴 채비를 하며 황금빛 노을로 온 숲을 물들이는 순간이 생생하게 포착되기 시작했다. 그것은 건조한 보고서에 물리적 숫자로 기록되는 타이가 지대의 일몰 시간이 아니라 초록과 금빛의 절묘한 조화, 그토록 다양한 빛깔을 띠는 노을이 지는 생명의 세계였다. 수평선의 맨 아랫부분은 붉은 자주색이, 그 위로 오렌지색, 황색, 녹색이 이어지고, 맨 윗부분은 희미한 백색이다가, 시간이 갈수록 점차 짙어지

---

3 블라디미르 아르세니에프, 『데르수 우잘라』, 김욱 옮김, 갈라파고스, 2005, 148쪽.

더니 마침내 안개구름으로 변하는 저녁노을의 신비를, 그는 생의 가장 사랑하는 순간이라고 말하지 않을 수 없었다. 그리고 밤늦게 저편 높은 산봉우리 위로 멋진 반달이 떠오를 때 소박한 기쁨을 맛보았고, 마치 자신을 기다리지 못하고 잠든 지상을 원망하는 듯 달빛이 우울할 때 그의 영혼 또한 지치고 잿빛으로 잦아들었다. 자신도 모르는 사이에 자연과 조화로운 야생의 삶이 문명인의 몸이 잃어버렸던 존재의 본성을 되찾게 해주었다. 그리하여 다음 날 아침 오두막에서 눈을 떴을 때 그는 형언할 수 없는 가슴속 깊은 울림을 체험하게 된다.

자연이 가장 아름다운 순간은 막 잠에서 깨어나 새벽과 더불어 잠깐의 휴식을 즐길 때 느껴지는 그 평화로운 정적이다. 강에서는 수증기가 짙게 피어오르고, 땅 위로는 이슬이 내려앉고 있었다. 그때 숲에서 약한 바람이 불어와 이슬이 내리는 맞은편 강변을 드러냈다.[4]

---

4 아르세니에프, 『데르수 우잘라』, 242쪽.

야생의 지혜 또는 우리가 잃어버린 과거

숲 속에서 평생을 살아온 야생인 데르수의 관찰력과 판단력은 가히 놀라울 정도로 구체적이고 정확했다. 어느 날 그는 도시에서 온 탐험대와 함께 야영지로 돌아가는 길에 일행의 것도 아니고 구교도의 흔적도 아닌 새로운 발자국을 발견했다. 발자국의 주인공은 모두 세 사람으로 그중 두 사람은 구입한 지 얼마 안 된 장화를 신고 있고 다른 한 사람은 쇠로 된 징이 박힌 낡은 구두를 신고 있다고, 마치 직접 본 것처럼 이야기했다. 그런가 하면 탐험대와 떨어져 하룻밤을 따로 보낸 그는 먼저 출발한 일행을 다음 날 아침 바로 따라잡았는데, 발자국만 보고도 전날 일행에게 무슨 일이 있었는지를 모두 알아냈다. 그들이 어디에서 쉬었고 어디서 길을 헤맸는지 정확하게 알아맞혔던 것이다. 탐험대가 샛길이 끝난 곳에서 꽤 오랜 시간 헤매면서 길을 찾아 숲을 누볐고, 심지어 어느 지점에서는 병사 한 명이 신발을 갈아 신었다는 사실까지 짚어내는 바람에 다들 혀를 내둘렀다.

어느 날 야생인 데르수는 숲길에 찍혀 있는 작은 발자국들만으로 도시인은 도무지 짐작도 할 수 없는 풍성한 정보를 쏟아냈다. 그의 우주에는 아마 밤하늘의 별만큼이나 다양한 이야기들이 숨어 있는 것 같았다. 이 작은 발은 러시아인도, 중국인도, 조선인도 아닌 우데게인이며, 검은담비를 사냥하고 있고 손에 도끼와 지팡이와 검은담비 사냥용 그물을 들고 있다는 것을 추리해 냈다. 보폭으로 판단하건대 나이가 젊다는 것까지 확신했다. 데르수는 문제의 발자국이 일직선으로 곧게 나 있는 것으로 볼 때 흔적의 주인은 사냥을 마치고 야영지로 돌아가는 중이었다고 단정했다.

시험 삼아 발자국을 따라가본 탐험대 일행은 아니나 다를까, 한 시간 정도 지나서 작은 시냇가에서 오두막 한 채를 발견했고 타오르는 모닥불을 목격하게 되었다. 오두막 뒤편에서 튀어나온 총을 든 사나이는 역시나 데르수가 말한 원주민 청년으로 사냥에서 이제 막 돌아와 식사 준비를 하던 참이었다. 지팡이와 도끼가 보였고 그의 배낭을 풀자 검은담비 사냥용 그물이 나왔다. 일행은 더 이상 할 말을 잊었다.

또 다른 날엔 탐험대가 전진하다가 강가에서 모닥불을 피운 흔적을 발견했다. 하지만 데르수는 그 단순한 사실로부터 많은 것을 추리해냈다. 특히 같은 장소에서 모닥불을 여러 번 피운 점에 착안하여 그는 사흘 전쯤 누군가 야영한 것 같다고 말했다. 데르수는 그 주인공이 중국인 노인으로 밤새 한 잠도 자지 않고 있다가 아침에 다시 강 건너 저편으로 간 것으로 파악했다. 작은 짐승을 생포할 때 쓰는 덫이 남아 있는 것으로 보아 그 주인공은 살아 있는 짐승을 미끼로 맹수를 잡는 전문 사냥꾼이라고 데르수는 확신했다. 또 모래에 찍힌 발자국의 크기가 똑같은 걸로 보아 모닥불을 피운 장본인은 한 사람이며 버려진 신발과 야영하는 습관을 통해 중국인이라는 것을 알아차렸다. 하지만 어떻게 주인공이 노인이라는 점까지 알아낼 수 있었을까? 그는 바닥에 떨어져 있는 낡은 신발 한 켤레를 집어 들고서 사람이 젊을 때는 성미가 급해서 발끝으로 걷지만 나이가 들면 여유 있게 뒤꿈치로 걷게 된다고 설명했다.

그런가 하면 데르수는 변화무쌍한 숲 속의 날씨를 미리 내다보는 예지력을 가지고 있었다. 점점 어두워지는 하늘에 안개가 가랑비처럼 내리고 메아리가 길게 울려 퍼지면 적어도 내일 아침까지는 비가 안 온다는 뜻이라고 말했다. 그의 예보는 정확했다.

원시적 공산 관념과 시인의 영혼

야생인 데르수는 누가 강요하지 않았지만 원시적 공산 관념에 따라 살아가는 것 같았다. 그는 항상 사냥해온 것을 이웃과 똑같이 나눠 가졌다. 러시아인이나 중국인을 가리지 않았다. 제국의 수도에서 도피해온 러시아 정교 구교도들은 그의 착한 심성을 인정하면서도 기독교를 신봉하지 않는다는 이유로 그를 '짐승처럼 영혼이 없는 자'라고 말했지만, 데르수는 그들에게도 자신의 노동의 성과물을 분배해주었다. 무주공산에서 생명의 위험을 무릅쓰고 스스로의 힘으로 차지한 식량을 아무 대가도 받지 않고 그렇게 서로 나눠야만 다음 사냥도 성공할 수 있다고 믿었다. 그 야생인 앞에서 과연 누가 신의 이름으로, 문명의 구실로 야만을 탓할 수 있겠는가?

어느 날 탐험 대장과 야생인은 모닥불 곁에 누워 이제 막 하루를 시작하는 별들을 바라보았다. 한쪽에 앉아 있던 데르수는 주위에서 들려오는 온갖 소리에 귀를 기울이고 있었다. 대장의 귀에는 그저 숲에서 들려오는 풀벌레 소리나 바람 소리에 불과했지만, 데르수는 그런 사소한 소리에도 저마다의 의미가 담겨 있다고 믿었다. 그의 말에 따르면 계곡을 타고 조잘거리며 흐르는 시냇물은 전날 저녁 갑자기 불어 닥친 바람에 대해 이야기해주었고, 마른 풀은 며칠 동안 비가 오지 않아 굶어죽을 지경이라고 한탄했다는 것이다. 도시인의 사고방식으로는 도저히 이해할 수 없는 데르수의 옆모습이 벌겋게 타오르는 불빛을 받으며 더욱 신비롭게 느껴졌다. 어둠 저편을 바라보는 그의 눈초리가 푸른 달빛을 닮아 있었다.

그 둘은 두서없이 하늘과 별과 달에 관한 이야기를 나누었다.

평생을 숲과 함께 살아온 데르수의 머릿속에 담긴 지혜는 상처를 입어가며 몸소 익힌 자산이었다. 홍수를 겪거나 혹한의 눈보라에 시달릴 때마다 그의 지혜는 더욱 풍부해졌다. 데르수는 여태껏 하늘이나 별에 어떤 종교적인 의미를 부여해본 적이 한 번도 없었다. 그는 모든 것을 놀라울 정도로 단순하게 설명했다. 그의 곁에서 탐험 대장은 어느덧 '무한에 대한 공포나 완전한 허무 의식이라는 관념이 어쩌면 문명인만이 품고 있는 것인지도 모르겠다'는 생각에 도달하게 되었다.[5] 유한한 인간의 생애와 인간의 의식을 초월하는 우주에 관한 깊은 사유에서 이제 문명인이 야생의 지혜를 배우고 시인의 영혼을 닮아가고 있었다.

---

5 아르세니에프, 『데르수 우잘라』, 30-88쪽.

03 유랑하는 고려인

　　러시아를 비롯하여 카자흐스탄, 우즈베크, 키르키스스탄 같은 중앙아시아 지역은 물론 우크라이나와 벨라루스, 심지어 발트 3국(에스토니아, 라트비아, 리투아니아) 등 이제는 해체된 옛 소련 땅 곳곳에서 만나게 되는 우리 동포들의 유랑의 역사는 지금으로부터 150여 년 전인 1860년대 전후로 거슬러 올라간다. 국운이 기울어 가던 조선 땅을 덮친 가뭄과 홍수 같은 재난에 더해 썩은 관리들의 가렴주구를 피해 먹을 것을 찾고자 정든 고향을 떠나야만 했던 백성의 슬픈 운명이 그 시원이다. 두만강을 건너 연해주 지방 이곳저곳으로 흘러들어간 동포들의 발걸음은 1860년 11월 제정러시아와 청나라의 베이징 조약으로 연해주가 러시아령으로 넘어간 이후 잦아졌다. 처음 블라디보스토크 남쪽 국경 부근 포시에트에 정착한 조선인들은 이후 우수리스크, 수찬 지역 등으

로 이동해갔다.[6]

　러시아 측은 당시 무인지경으로 남아 있던 변방에 이주민을 받아들여 국경 방비에 활용할 생각으로 처음에는 한인들의 이주에 호의적이었다. 현지 러시아 당국으로부터 무상으로 경작권을 얻고 보조금을 대출받는 등 모진 세월에 어쩔 수 없이 떠나야 했던 조국에서보다 오히려 자유스러웠던 동포들은 억척스레 땅을 일구어 황무지의 개척자가 되었다. 조선 정부의 금지령에도 불구하고 점차 이주가 늘어나자 러시아 정부는 대량 이주를 금지하는 조치를 취했다. 1884년 두 나라 사이에 협정이 체결되어 이후 극동 거주 조선인은 두 부류로 나뉘어졌다. 즉, 협정 체결 때까지 이주했던 사람들에게는 일정한 면적의 토지가 배당되었으나, 그 이후에 들어온 사람들은 조만간 자신들의 생산 시설을 청산하고 조국으로 돌아가도록 했던 것이다.

　그럼에도 불구하고 조선인들의 이주는 계속되었는데, 특히 1904~1905년 사이 러일전쟁과 제1차 러시아 혁명의 와중에 당국의 감시가 약화된 틈을 타 이주가 증가했다. 한편 러시아 당국의 규제 조치가 다시 완화되어 제1차 세계대전 발발 전인 1914년 이미 극동 지방의 '조선계 러시아인'은 2만여 명에 달했다. 그리고

---

6 러시아 및 중앙아시아 지역의 고려인 이주 역사에 관해서는 부가이, 『재소 한인들의 수난사』, 최정운 옮김, 세종연구소, 1996 참조.

그 숫자는 계속 늘어나서 10월 혁명 후인 1920년대 초반에 대략 12~13만 명에 이르렀던 것으로 추정되고 있다. 이러한 수치를 현지 지역의 인구 구성 측면에서 보면, 당시 블라디보스토크 군(郡) 전체 주민 10만여 명 중 거의 절반인 5만여 명, 우수리스크 군 전체 주민 14만여 명 중 3만여 명에 육박할 정도로 조선인 출신의 비중이 높았다.

1917년 10월 수도 페테르부르크에서 발발한 러시아 혁명의 파고가 시베리아와 극동 지방에 밀어닥쳤을 때 그것은 의심의 여지없이 대부분의 조선인 삶에 일대 전환점이 되고 새로운 기회를 여는 것이었다. 그때 조선인들은 새로 수립된 소비에트 정권을 지지하고 그 활동에 적극 참여하게 되었다. 왜냐하면 혁명 전 조선인들은 다른 러시아인들과 마찬가지로 먹을 것도 모자란 가운데 관청에 세금을 바치기 위해 일 년 꼬박 허리가 휘도록 노동을 해야만 하는 전제 정치를 몸소 겪었을 뿐만 아니라 이주민이라는 이유로 덤으로 가해지는 억압을 견뎌내야만 했기 때문이다. 따라서 과거의 압제자를 제외한 모든 인민의 자유와 평등, 우의를 선포한 10월 혁명과 소비에트 정권이 그들에게 새로운 사회의 빛으로 다가온 것은 이념의 문제라기보다는 차라리 생존의 선택이었다.

그렇더라도 그러한 환경이 1918년 이후 극동과 시베리아의 여기저기에서 만들어진 반제(反帝)민족해방운동의 훌륭한 토양이 되었던 것 또한 분명한 사실이었다. 무릇 유토피아를 지향하는 하나의 이념이 체제의 방어 기제로 경화(硬化)되기 전에는 상당 정도 피폐한 현실을 반영하는 것일 수밖에 없는 탓에, 타국에서 곤궁한 삶을 연명하던 조선인들에게 사회주의 이념은 비교적 쉽게 침투될 수 있었다. 그리하여 조선에서 넘어온 민족주의자들과 지식인들이 합류하면서 1918년 4월 블라디보스토크에서 '한인사회동맹'이 조직되었으며, 시베리아의 옴스크, 튜멘, 토볼스크 등지에서도 잇달아 비슷한 경향이 나타났다. 신생 소비에트 정권의 전복을 노린 반(反)혁명파였던 러시아 백위군과 미국, 일본, 체코 등이 참가한 국제간섭군에 대항해 수많은 조선 출신이 빨치산 부대에 참가하여 명성을 떨쳤으며, 그들 중 100명 이상이 우수리스크 전선에서 해방의 제단에 목숨을 바쳤다.

그러나 전제주의의 멍에를 벗고 해방된 소비에트 시민으로서 새로운 삶을 영위하려던 조선인들의 앞날에는 다시 어두운 먹구름이 몰려왔다. 1920년대 후반으로 접어들면서 소비에트 기관 내에서 '타 국적 조선인들의 극동 지역으로의 무단 유입과 그들에 의한 토지 및 국유 재산의 무단 횡탈에 대한 투쟁을 강화해야 한다'는 주장이 빈번히 제기되었다. 더군다나 스탈린 체제가 확립되면서 동시에 '러시아 역사상 농민들의 황금시대'로 불렸던 신경제정책이 1920년대 말에 폐기되고 개인 자영농을 몇 개 마을 당 하나로 묶는 농업집산화 정책이 강행되었다. 그동안 재산을 모았던 부농은 물론 대다수 중농과 일부 빈농까지 모든 생산수단을 집산농장에 맡기고 농업노동자가 되라는 국가의 지시에 대해 손수 집에서 기르던 가축들을 도살하면서까지 저항하며 탈출했다. 그러나 순한 양이 되기를 거부했던 그들을 기다린 것은 체포, 투옥, 처형, 그리고 공민권 박탈이라는 형벌이었다.

『낙동강』의 작가 조명희, 열렬한 전사였던 김알렉산드라 등을 비롯하여, 그의 이름을 딴 거리가 아직도 남아 있는 김유천 등 조선 출신의 투사들이 목숨을 초개처럼 바쳤던 민족해방·민중해방의 제단에 채 피가 마르기 전에 가혹한 운명은 다시 한 번 동포들을 덮쳤다. 1930년대 중반 이후 일본 제국주의의 대륙 침략 야욕이 더욱 노골화하면서 그들은 하릴없이 일제의 끄나풀을 경계하는 소련 당국의 경계와 감시의 대상이 되었다.

그리하여 1930년대 중반부터 '계급의 적'으로 분류된 한인 그룹이 강제로 연방 내 다른 지역으로 이주되었으며, 그들 중 많은 사람이 여기저기 탄광과 벌목장에 배치되었다. 그리고 1937년 스탈린 정권의 저 악명 높은 중앙아시아 강제 이주 정책이 군사 작전처럼 전격적으로 시행되었다. 보통 사람들은 물론 소비에트 체제를 지지했던 헌신적인 동포 사회주의자들까지 체포되어 처형

되었으며, 그해 10월 하순 극동과 시베리아 지역에서 살아남은 사람들 가운데 3만 6442가구, 17만 1781명이 124대의 수송 열차에 태워져 한 많은 유랑 길에 올라야 했다. 그들은 살을 에는 초겨울의 시베리아 바람이 파고드는 기차에서 한 달을 보내며 굶주림과 추위로 죽은 혈육의 모습을 속수무책으로 목도할 수밖에 없었다. 이렇게 한인들은 중앙아시아의 큰 강을 따라 고립무원의 낯선 땅으로 내동댕이쳐졌다.

하지만 의지의 한인들은 좌절하지 않고 현지 주민과 새로 들어온 러시아인들 사이에서 발군의 근면성과 창의성을 발휘했다. 소수민족으로서 고려인은 소련 당국이 주는 '노력 영웅'을 다른 어떤 민족보다 가장 많이 차지하는 뛰어난 활약상을 보였다. 그러나 1991년 말 소련 체제의 붕괴는 그들에게 또 한 번 역사적인 시련이 다가왔음을 뜻했다. 소련 시대에 긴밀하게 연관되었던 각 지역 간의 산업 생산 및 유통 체제가 해체되고 갑자기 혼란스런 자본주의 경제제도가 도입되면서 경제 형편이 극히 어려워진데다 우즈베키스탄 같은 나라는 러시아어 대신 토착어를 공용어로 채택하면서 공직에 이민족 출신의 진출을 가로막았고, 타지키스탄에서는 몇 년간 내전이 발생하기도 했다.

상황이 이렇게 변하자 혹은 먹고살기 힘들어서, 혹은 자식들의 내일을 걱정하는 부모들의 고심 끝에 동포들은 또다시 보따리를 싸서 70년 전 부모와 조부모 세대들이 하염없는 눈물을 뿌리며 떠났던 연해주로 되돌아오거나 볼고그라드 같은 보다 안전한 러시아 내륙으로 새로운 정처를 찾아 떠나게 되었던 것이다. 현재 러시아와 그 주변 나라에 거주하는 동포들의 숫자가 약 20만을 헤아리며, 그만큼의 숫자가 우즈베키스탄, 카자흐스탄, 키르키스스탄 등 중앙아시아 땅에 여전히 뿌리내리고 살고 있다.[7]

그 옛날 아프리카로부터 현생 인류가 새로운 정착지를 찾아 떠돌아다닌 후 어느 민족인들 유랑의 길을 떠나지 않은 민족이 있을까마는, 근세사에서 고려인만큼 되풀이된 이주의 고달픔을 온몸으로 겪어야만 했던, 아니 아직도 겪고 있는 집단은 그리 많지 않을 것이다. 조선 땅에서는 배고프고 울분에 차 더 이상 살 수 없어 러시아 땅으로 흘러들고, 러시아 땅에서는 간첩이라는 누명을 쓰고 억울하게 떠나야 했으며, 모래바람 부는 땅을 일구어 살 만해진 중앙아시아 땅에서는 또다시 이방인으로 간주되어 떠날 수밖에 없었던 그들의 운명. 누가 이들의 귀환을 따스하게 맞아줄까? 아니 그들은 과연 언제쯤 고향으로 돌아갈 수 있을까? 오늘도 사할린에서, 연해주에서, 부하라와 사마르칸트에서, 그리고 발틱 해 연안 에스토니아에서 우리 동포들은 '보따리 풀

---

7 소련 붕괴 이후 고려인 사회의 변화에 관해서는 임영상·황영삼 외, 『고려인 사회의 변화와 한민족』, 한국외국어대학교출판부, 2005 참조.

고 사는 곳이 새로운 고향이려니' 하고 살면서도 '역사적 조국'인 조선(한국) 땅을 그리워하고 있다.

러시아 이주민이 고려인으로 불린 까닭은?

조선 시대에 러시아 땅으로 이주해간 동포들을 부르는 호칭이 오늘날 어찌하여 '조선인'이 아니고 '고려인'이나 '고려사람'이 되었을까? 더 나중에 중국 땅으로 간 동포들이 '조선족'으로 불리는 것은 그 나라에 뿌리내리고 사는 다른 민족들이 그러한 것처럼 옛적부터 내려온 자기 민족이나 나라의 명칭을 본받은 것이어서 이상할 것이 없으나, 이 '고려인'이라는 말의 기원은 어디서도 쉬 듣지를 못했다. 그 이주민들이 특별히 고려 시대를 숭앙했다거나 고려 유민의 후손이었다는 어떠한 증거도 찾아볼 수 없다.

아마도 당시 조선, 그리고 지금의 한국을 부르는 러시아 말이, '고려'를 자기네 식으로 표기하는 '까레야'(영어의 코리아, 프랑스어의 꼬레에 해당)인 데서 비롯된 게 아닐까. 한반도로부터 건너온 사람들을 '까레이츠'로 부르고, 러시아 땅에 살던 교포들이 그 말을 오히려 우리말로 바꾸어 쓰다보니 고려인이 되지 않았겠는가 하는 추측이 들 뿐이다. 이처럼 상식상 이해하기 어려운 탓도 있거니와 뒤늦게 일제 강점기인 1940년대 초반에 조선으로부터 사할린 섬으로 징용된 동포들의 후손으로서 지금은 시베리아와 극동 지역에서 퍼져 살고 있는 일부 사람들은 한사코 '우리는 고려인이 아니다!'라고 항변한다. 차라리 중립적인 호칭인 '재러 동포'라고 부르는 것이 합당하다는 것이다.

기왕 동포들의 호칭 문제가 나온 김에 하는 말이지만, 그들을 고려인으로 부르든 재러 동포로 부르든 요즘 한국의 매스컴에서 회자되는 '카레이스키'라는 단어는 문법적으로 전혀 맞지 않는 잘못된 말이라는 것을 분명히 밝혀두어야 할 것 같다. 러시아 말로 '까레이스키(Корейский)'는 관형어로서 '한국의, 한국인의, 한국식의'라는 뜻으로 바로 뒤에 명사형 단어가 와야만 제대로 의미가 통하며 그저 홀로 '한국인(또는 고려인)'을 뜻할 수는 없다. '고려인(재러 동포, 한인)'을 러시아 말로 제대로 부르자면 '카레이츼(Корейцы, 복수형)—카레이츠(Кореец)는 남성 단수형, 카레얀카(Кореянка)는 여성 단수형—라고 해야 한다. 필자의 기억으로는 1990년대 한 TV 방송 드라마의 제목으로 잘못 붙여진 이후 널리 퍼진 것으로 생각되는데, 결국 한국 땅에 들어와 고생하는(!) 숱한 외국말 가운데 하나인 셈이다.

극동 지역의 소수민족

극동 지역에는 크게 네 개의 언어 집단으로 구별되는 북방 민족이 거주하고 있다. 퉁구스·만주어족(나나이족, 네기다르족, 오로치족, 우데게족, 우리치족, 예벤키족), 추크치·캄차카어족(이텔멘족, 코랴크족, 추반족, 추크치족), 에스키모·아레우트족(에스키모족), 고아시아어족(니부흐족, 유카기르족) 등이 그들이다. 현재까지 비교적 다수가 남아 있는 극동·시베리아 원주민으로는 시베리아 동북부 야쿠티아(사하) 공화국의 야쿠트족, 러시아와 몽골의 접경지대에 위치한 투바 공화국의 투바족, 바이칼 호수 근방에 자리 잡은 부랴트 공화국의 부랴트족 등이 있다. 그 외 이 지역의 원주민 출신이 아닌 소수민족으로는 우리 동포인 '고려인'이 사할린, 연해주, 하바롭스크 주, 캄차카, 시베리아 각지에 수만 명 분포하고 있으며, 극동의 비로비잔을 중심으로 한 '유대인 자치구'에 유대인들이 약 1만 명 정도 거주하고 있다.

04 시베리아로 간 한인들
풍경과 상처를 바라보는 서로 다른 시선

거듭된 가렴주구와 흉년을 견디지 못한 수만 민중이 괴나리봇 짐을 둘러메고 머나먼 북녘으로 떠난 지 30여 년이 지난 어느 여름날, 조선의 고위 관리 일행이 시베리아를 거쳐 연해주를 지나게 되었다. 그들을 대표한 사람은 민영환(閔泳煥). 1905년 일제의 강압으로 을사늑약이 체결되자 그 폐기를 상소했으나 뜻을 이루지 못하고 자결한 바로 그 사람이다. '비운의 국모' 명성황후의 조카이기도 한 그는 1884년 '조로수호통상조약'으로 조선과 러시아가 공식 외교관계를 맺은 후 시베리아 땅을 밟은 최고위직의 조선 관리였다. 오로지 살아남기 위해 고향을 등지고 연해주로 흘러든 농투성이와 장사꾼들을 국경 밖에서 조우한 그는 근대 초입에 들어선 조선이라는 국가의 지배 엘리트가 품고 있던 특유의 온정주의적 관점을 보여준다. 하지만 세기말 그의 세계 일주와 시베리아 여정은 실로 비감한 것이었다. 이미 기울어져가는 작은 나라가 강대국들의 틈바구니에서 살아남기 위해 마지막 안간힘을 쓴 외교 행차였기 때문이다.

1896년 4월 1일(음력 2월 19일), 특명전권공사 민영환 일행은 러시아의 마지막 황제 니콜라이 2세의 대관식에 참석하기 위해 제물포항에서 러시아 군함 크레마지 호에 오른다. 이 여행에는 윤치호, 김득련, 김도일, 그리고 러시아 공사관의 서기관 스테인이 함께했다. 그들은 중국의 상하이를 거쳐 일본의 나가사키와 요코하마를 뒤로하고 태평양을 건너 캐나다의 밴쿠버와 몬트리올, 그리고 미국의 뉴욕에 이른다. 다시 대서양을 건넌 일행은 영국의 런던과 독일의 베를린, 폴란드의 바르샤바를 거쳐 드디어 5월 20일 모스크바에 당도했다. 임무를 마치고 귀국길에 시베리아를 지나 블라디보스토크에 이르고, 다시 원산과 부산을 거쳐 서울로 돌아와 고종에게 러시아 황제의 친서를 바친 것이 그해 10월 21일이니, 모두 합쳐 여섯 달 스무 날에 걸친 대장정이었다. 그때 민영환이 방문했던 지역의 사정과 만났던 사람들, 그리고 그날그날의 날씨까지 꼼꼼하게 기록한 것이 바로 『해천추범』[8]이라는 여행기다.

---

8 민영환, 『해천추범(海天秋帆)-1896년 민영환의 세계일주』, 조재곤 편역, 책과함께, 2008.

모스크바와 상트페테르부르크에서 아주 만족할 만한 외교적 성과를 거두지 못했지만, 다른 한편 '선진 문물'을 통해 견문을 넓힌 민영환 일행은 8월 중순 귀국길에 오른다. 하지만 그들을 기다리고 있던 것은 여기저기 아직 횡단 철도 공사를 하고 있던 시베리아의 진흙탕 길과 옷섶을 파고드는 차가워진 가을 날씨였다. 미리 연락이 닿은 러시아 관리가 응접해준 곳이 아니면 길가에서 변변한 여관 하나 찾기 어려웠다. 그야말로 우여곡절, 산전수전, 풍찬노숙, 천신만고의 고행이었다. 그렇게 스무 날을 넘게 고생하다 "흐리고 늦게 소나기가 내리다 쌍무지개가 보인" 9월 11일 밤 열 시, 조선 사절단은 바이칼 호수 가까이 위치한 이르쿠츠크에 당도했다. 다음 날 시베리아 총독을 방문하고 시내를 둘러본 민영환의 인상이다.

두루 거리와 상점을 보니 가지런하고 정밀하고 호사스러움이 모두 상트페테르부르크의 제도를 모방한 것이다. 인물도 수려하며 거리 위의 수레바퀴 소리가 시끄럽고 끊임이 없으니 참으로 큰 도시로 번화한 곳이다. 수천 리 황량한 물가에 어찌 이렇듯 눈을 휘둥그렇게 할 곳이 있으리라 생각이나 할 수 있었겠는가? 이는 위아래로 정치를 잘하여 날로 문명에 이르는 곳으로 나간 때문이 아니겠는가?[9]

시베리아 횡단철도를 건설하는 인부들

동행한 김득련도 그의 한시집 『환구음초(環璆唫艸)』에서 이 도시를 이렇게 칭송하고 있다.

> 백성과 화물이 폭주하고 시가지가 정제되어
> 번화하고 가지런하기가 러시아 수도에 손색없구나.[10]

19세기 후반 이미 번화한 도시로 성장한 이르쿠츠크에 대한 놀라움이 잘 나타나 있다. 하지만 70년 전 반란 거사를 실행하지 못하고 시베리아로 유배당한 러시아 귀족 출신 데카브리스트의 고뇌와 그 부인들의 눈물을 조선의 관리들은 정녕 알지 못했

---

9 민영환, 『해천추범』, 177쪽(9월 12일자 일기).
10 민영환, 『해천추범』, 177쪽.

을 것이다. 민영환의 눈에 시베리아는 심지어 "위아래로 정치를 잘하여 날로 문명에 이른 곳"으로 비쳤다. 열강의 이권 다툼 와중에 새우 신세가 된 약소국의 고관대작답게 나라의 운명을 걱정하는 입장에서 '정치'를 잘해야겠다는 안타까움과 새삼스러운 다짐이 여실하다.

하지만 마지막 황제가 권좌에 오른 1896년의 러시아는 혁명으로 질주하는 열차를 부설하고 있었다. 영국이 이미 200년 전에, 그리고 완고한 프랑스가 100년 전에 집어 던진 전제군주제 치하에 여전히 놓여 있던 러시아는, 민영환이 보았던 세 도시의 화려한 외양과는 달리 대다수 인민이 '시민'이 되지 못하고 '신민'에 머무르고 있던 경찰국가였다. 합법적 수단으로 자신들의 뜻을 펼 수 없었던 상황에서, 농노제가 해체되었으나(1865년) 여전히 대다수 민중이 굶주린 배를 움켜쥐고 살던 나라에서 급진적인 지식인과 학생들, 그리고 일부 노동자와 농민은 기존 체제의 전복을 꿈꾸고 있었다.

9월 하순 연해주에 접어든 민영환 일행은 블라고베셴스크에서 처음으로 조선 사람들을 만났다. 일행 중 한 명인 김도일이 10년 전 바로 이곳에서 공부했고, 당시에도 세 명의 유학생이 머물고 있던, 인구 4만 명의 도시였다. 이후 러시아 관리들을 만날 때마다 민영환은 "조선 유민(流民)을 잘 보호해달라"고 거듭 부탁한

시베리아로 간 사람들 145

다. 이동 영사 역할을 톡톡히 한 것이다.

> 우리나라 사람으로 러시아 땅으로 흘러들어온 자가 블라디보스토크에서 이곳까지 없는 곳이 없다. 스스로 촌락을 이루었는데 몇 만 명인지 알 수 없다. 이미 러시아 적(籍)에 입적한 자도 많다. 이곳에도 현재 50여 명이 된다. 이곳에서 700리 거리에서 금광을 하면서 먹고사는 사람 중 여섯이 와서 보았다. 원산의 박기순은 일찍이 우두머리를 하던 자로 아직도 상투를 틀고 있다. 경성(鏡城)의 김봉률, 길주의 황필룡·한만성, 경흥의 한명성, 동래의 정운서 등은 모두 10여 년 전에 들어온 자들이다. 그들의 말로는 오늘날 다행히 본국의 위의(威儀)를 볼 줄 생각지 못했는데, 기쁨과 감격이 교차하는 것을 이기지 못하며 만일 조정에서 소환 명령이 있으면 유민들은 당연히 모두 떠나겠다고 한다. 김봉률은 이 지역에 집이 있어 떡을 만들고 국을 끓여가지고 왔는데 하나같이 우리 방식과 같다.[11]

낯설고 물선 이역만리에서 먹고살기 위해 고군분투하면서도 여전히 조선의 풍속을 지키고 살아가는 백성을 만난 반가움과

---

11 민영환, 『해천추범』, 189-190쪽(9월 27일자 일기).

안타까움이 드러난다. 하지만 민영환은 자유로운 여행객이 아니었다. 그는 풍찬노숙한 지가 수십 일이 되어 독감으로 마디마디가 쑤셔 괴로움이 말할 수 없이 심했음에도 불구하고 자신의 신분과 그에 걸맞은 역할을 충실히 수행하기 위해 노력했다. 다음에 인용하는 일기 몇 토막은 연해주의 조선 유민을 대하는 그의 주된 관심이 어디 있는지를 보여주는 데 부족함이 없다.

> 우리나라 사람 목천의 민봉선, 경성의 홍석보는 이곳에 살고, 이원의 이호연은 상투를 틀었고, 단천의 윤봉진은 망건을 썼고, 명천의 천학선은 하바롭스크에 살면서 장사하느라 이곳에 왔는데 모두 와서 보았다. 일들을 수습하고 빨리 고국에 돌아가라는 뜻으로 타일렀다. 약간의 이익을 얻었으니 자본을 만드는 대로 돌아가겠다고 한다.[12]

> 이 땅 역시 우리나라 유민들이 촌락을 이룬 곳이 있는데 이름이 오시포프카로 농사를 짓거나 상업을 한다. 그 우두머리 김복길이 수십여 인을 데리고 와서 보았다. 고국을 잊지 말라는 뜻을 상세히 설명했다.[13]

---

12 민영환, 『해천추범』, 190–191쪽(9월 29일자 일기).
13 민영환, 『해천추범』, 192쪽(10월 4일자 일기).

19세기 후반 극동 러시아의 조선인 이주민들

우리 유민들로 이 항구(블라디보스토크-인용자)에 거주하는 자는 수백 호이고 왕래하는 자는 그 수를 헤아릴 수 없다. 연추사, 추풍사, 수청사 등이 조선 유민의 부락이라고 일컬어지는데 호스는 6~7천이나 된다고 한다. 러시아 호적에 들어간 자는 절반이 넘는다. 모두 러시아 옷을 입고 러시아어를 하며 또 나이 어린 아이들은 본국의 풍속도 알지 못하니 그대로 둘 수 없다. 마땅히 급히 영사를 설치하고 관장하여 다스리게 하고 약장(約章)을 상세히 정해 고향으로 돌아가고자 하는 자는 모두 불러들이고 장사를 하려는 자는 조계(租界)를 정해 살게 하면 가히 떠돌면서 흩어지고 시끄러운 폐단을 면 할 수 있을 것이다. 이는 지금 가장 급한 일이고 또 유민들이 바라는 바이다.[14]

여기서 민영환의 주된 관심사는 연해주 현지에 정착한 조선

---

14 민영환, 『해천추범』, 202-203쪽(10월 15일자 일기).

사람들의 생활 형편 개선이나 그들이 무리 없이 러시아 사회로 편입되는 것보다는, 그들을 가능한 빨리 고국으로 데려오는 것 또는 관리를 파견하여 잘 다스리는 것이었다고 할 수 있다. 오늘날 용어로 말하면, 사회·경제적 관점의 재외동포 지원책이 아니라 법적·정치적 관점에서 국경 밖으로 '일탈한' 자국민이 다시 '질서 있는 체제'로 편입되어야 한다는 관점의 표현이었다. 유교식 위민(爲民)사상이 경계 밖으로 나간 자국민에게 어떻게 투사되는지를 보여주는 흥미로운 사례라고 하겠다. 민영환은 자신의 이런 입장이 "또 유민들이 바라는 바이다"라고 적고 있다. 아마도 그를 만난 또는 만나지 못한 일부 유민은 호구지책을 위해 잠시 조선을 벗어났으므로 진실로 하루빨리 고국으로 돌아가고 싶었을 것이다. 하지만 모두가 그러했을까?

민영환과 비슷하면서도 조금은 다른 시선을 엿볼 수 있는 것이 김득련의 기록이다. 그는 블라디보스토크에서 만난 사람들에 대한 인상을 이렇게 적고 있다.

> 슬프다. 저 유민들은 수만 명이 넘는데
> 매일 날품으로 밭 갈지만 편안해 보이네.
> 탐관오리의 빈번한 학정을 피해 달아나서
> 낯선 땅 황량한 벌판에서 견디고 살면서

망건과 상투 그대로 한 채 고향을 그리며
성과 이름을 연명으로 기록하여 새로 써서 올리네.
마땅히 돌아오라는 조정의 명령이 있을 터이니
나라를 향한 진정한 마음은 한결같기를.[15]

김득련은 그의 상관과 마찬가지로 "마땅히 돌아오라는 조정의 명령"을 당연하게 여기고 있다. 하지만 미묘한 차이가 느껴지는 구절은 탐관오리의 빈번한 학정을 피해 국경 밖으로 달아난 유민이 이국땅에서 "편안해 보인다"는 것이다. 러시아 영내에 들어와 살고 있지만, 이제 그 지긋지긋한 착취와 멸시를 벗어나 살게 된 연유로 그런 것이 아니었을까?

사람들이 밖으로부터 또는 위로부터 부과된 강제력을 가진 법과 위계적인 질서의 테두리 안에서만 혼란에 휩싸이지 않고 안녕을 구할 수 있다는 생각은 '국가' 안에서 살아온 많은 사람들의 뇌리에 박힌 상투적 관념이라고 할 수 있다. 하지만 실제가 항상 그런 것은 아니다. 시베리아의 조선인들이 스스로 만든 동네에서 서로 잘 어울려 살아가면서 자치의 세계를 얼마나 훌륭하게 구현하고 있었던가를 보여주는 보다 분명한 증거가 있다. 이

---

15 민영환, 『해천추범』, 199쪽.

는 민영환의 시선과는 아주 다른 것이다. 1894년부터 1897년까지 네 번이나 조선을 방문한 영국 여성 이사벨라 비숍이 당시 연해주에 정착한 조선인들을 만나고 기록한 「시베리아에 사는 조선의 이주민들」이라는 글에는 놀라운 사례들이 나온다. 다소 길더라도 충분히 인용할 만한 가치가 있는 풍경이다.

크라스노예와 노보키예브스크 사이의 마을들은 러시아에 정착한 조선 사람들의 본보기이다. 길은 매우 잘 닦였고 도로에 접경한 수로들도 잘 관리되고 있었다. 위생 규칙이 엄격하게 시행되었고 촌장은 마을의 청결에 책임을 다했다. 반도(조선—인용자)의 가난하고 불결한 마을과는 다르게 이들은 회벽과 말쑥한 짚으로 이은 한옥을 지었다. 뜰이나 농장 마당은 회칠한 벽이나 잘 짜여진 갈대의 높은 울타리들로 둘러싸여 있었고 매일 아침 청소한 것처럼 보였다. 농장 건물들은 실속 있게 잘 보존되어 있었다.……
대부분의 집에는 4~6개의 방이 있었다. 방은 종이벽과 천장, 격자문과 광택이 없는 마루 그리고 조선에서 고관 집조차 보기 드문 많은 창고를 가지고 있었다. 캐비닛, 옷장, 멋진 청동 장식이 달린 목재 쌀궤, 낮은 탁자와 걸상, 청동주전자, 청동그릇, 도자기, 찻잔, 청동촛대, 청동등잔 그리고 그 밖의 많

이사벨라 비숍

은 것들이 그들의 안락함을 설명해주었다.······문 밖에는 가득 찬 곡물창고, 조랑말, 새끼 밴 암말, 개량종의 돼지들, 짐수레를 끄는 소, 블라디보스토크 시장에 내놓을 살찐 소와 우마차 그리고 농기구 등이 물질적 번영을 확실하게 입증하고 있었다. 어느 여행자도 내가 조선 사람의 가정에서 받은 것보다 더한 안락한 설비와 더욱 깨끗해지고 더욱 성심성의의 환대를 받는다는 것은 불가능할 것이다.

그러나 이보다 더 훌륭한 것이 많았다. 남자들의 태도는 미묘하지만 사실상의 변화를 보이고 있으며 여자들은 비록 명목상으로는 은둔의 습관을 지켜나가고 있었지만 조선의 가정에서 그들의 특징이었던 비굴한 태도를 갖고 있지 않았다. 국내에서만 자란 조선 사람들은 아내에 대한 의심과 독단, 노예 근성 등의 특징을 가지고 있으나 이곳에서는 그런 모습들이 아시아적이라기보다는 영국적인 남자다움과 독립심으로 바뀌었다. 양반의 거만한 몸짓과 농부가 기운 없이 어슬렁거리는 태도도 민첩한 행동으로 바뀐 것이 특징이다. 돈을 벌 수 있는 기회가 많으며 그들이 번 돈을 짜낼 양반도, 관리도 그곳

러시아 한인촌의 가옥 그림

에는 없었으며, 안정과 재산은 더 이상 관리의 관심을 끌지 못했고, 재산에 대한 불안감보다도 신뢰에 더 큰 비중을 두고 있었다. 일하는 사람들은 모두 안락한 생활을 할 수 있으며 많은 농부들이 부유하다.……

조선에서 나는 그들이 열등 민족이었고 삶의 희망이 없는 존재라고 생각했으나 프리모르스크(연해주-인용자)에서 나는 나의 의견을 수정해야 할 이유들을 발견했다. 그들 자신을 부유한 농민층으로 끌어올리고 러시아 경찰이나 러시아 정착민들, 군인들과 똑같이 근면하고 좋은 품행을 가진 우수한 성격을 얻은 이 조선 사람들만이 예외적으로 근면하고 검소한 사람들로 구성된 것이 아니라는 점을 명심해야 한다. 그들은 대개 기근으로부터 피난 온 굶주린 사람들이었다. 그들의 일반적인 태도는 조선에 있는 그들의 동포들이 정직한 행정과 수입에 대한 정당한 방어가 있다면 천천히 인간으로 발전해 갈 수 있으리라는 희망을 나에게 안겨주었다.[16]

물론 연해주에 정착한 모든 조선 사람이 비숍의 관찰처럼 그렇게 안락하고 서로 신뢰하는 생활을 누렸을 것이라고 추정할 근거는 없다. 아마 상당히 많은 유민이 정 붙일 데 없는 이국땅에서 고통스런 노동으로 겨우 연명하거나 심지어 추위와 굶주림으로 죽어갔을 것이다. 그럼에도 불구하고 이방인 여행자 비숍이 우연히 들렀던 마을에서 받은 극진한 환대 때문에 영국인 독자들을 대상으로 쓴 책에서 국경 밖으로 이주한 조선인의 자치

---

16 I. B. 비숍, 『조선과 그 이웃 나라들』, 신복룡 역주, 집문당, 2000, 228-230쪽. 물론 비숍의 이 글에도 역시 제국주의 시대 세계를 여행한 유럽인들 특유의 어쭙잖은 서구 우월주의가 군데군데 보여서 눈살을 찌푸리게 한다. '영국적인 남자다움', '열등민족', '삶의 희망이 없는 존재', '러시아 경찰이나 러시아 정착민들, 군인들과 똑같이 근면하고 좋은 품행을 가진' 등의 표현들이 그것이다. 비서구권 사람들의 좋은 면은 아무리 높게 평가해도 기껏 자기네 제도를 모방한 것에 불과한 정도라는 것, 그에 반해 식민지의 고유한 풍속이나 '잘못된' 성격은 서구 제국주의의 침탈과는 무관하게 본래 그들의 우매함 탓이라는 것이다. 그리고 그런 후진성을 바로잡기 위해 기독교 선교사들의 활동을 비롯한 '문명화' 정책이 필요하다는 식의 강변은 19세기 이후 서양인들 사이에서 널리 퍼진 상투적 태도이다.

능력과 훌륭한 품성, 그들의 물질적 번영을 이토록 칭찬해마지 않았으리라고 보기는 힘들다. 매우 특이하고 긴 이 인용문의 핵심은 연해주에서는 "돈을 벌 수 있는 기회가 많았다"거나 "서민들도 양반 못지않게 잘 산다"는 것보다는 "그들이 번 돈을 짜낼 양반도, 관리도 그곳에는 없었다"는 사실일 것이다. 비숍은 그것을 영국식 자유주의 용어로 '정직한 행정과 수입에 대한 정당한 방어'라고 표현했다. 맞는 말이지만, 그것은 절반의 진실에 불과한 것이 아닐까? 왜냐하면 그런 행정과 방어가 외부로부터 부과되는 강압적 권력이 아니라 노예근성을 버리고 독립심을 가진 사람들의 자치권을 통해서 이루어질 때 진정으로 편안한 생활을 보장할 수 있을 것이기 때문이다. 비숍이 방문했던 연해주의 조선인 마을들에서 이루어진 '질서'는 위로부터 내려온 (러시아나 조선의) 국가 관리가 강요한 것도 아니었고 인간의 능력을 초월하는 절대자에 대한 종교적 충성심에서 비롯된 것도 아니었다. 또는 새로운 사회를 건설하겠다는 넘치는 열정과 이념으로 무장한 선각자가 이끄는 대로 무조건 따라한 결과도 아니었다. 그저 살아남기 위해 목숨을 걸고 얼어붙은 두만강을 건넜던 초라한 백성이 스스로 만들어낸 자연스러운 질서였을 따름이다. 스스로 마을을 이루고 거기에 서로가 서로를 보살피면서 정직한 노동을 공평하게 나누고, 그 공동체가 파괴되지 않도록 나름대로 윤리와 체계를 만들어내는 자치라는 것은 이렇듯 피부색과 종교, 지식과 신념을 떠나 사람들이 일반적으로 드러내는 능력인 것이다. 민영환의 걱정과는 달리, 연해주의 조선 유민들 사이에서는 조선에서 파견된 국가 관리들이 없는 것이 '문제'였던 것이 아니라 오히려 새로운 삶을 온전히 개척할 수 있는 '기회'였던 셈이다.

민영환 일행과 비숍이 19세기 말 비슷한 시기에 그러나 상당히 다른 시선으로 연해주의 조선 사람들을 만나고 떠난 지 50여 년이 지난 1949년 겨울, 연해주에서 기차를 타고 시베리아를 거쳐 열흘 만에 모스크바에 도착한 사람들이 있었다. 그들은 '조쏘 량국간의 경제 및 문화적 협조에 관한 협정' 체결을 목적으로 당시 세계 사회주의 진영의 종주국 소련을 공식 방문하게 된 일곱 명의 '북조선민주주의인민공화국' 대표단이었다. 김일성 수상을 단장으로, 부수상 박헌영과 홍명희를 비롯하여 국가계획위원장 정준택, 상업상 장시우, 교육상 백남운, 체신상 김정주 등이 포함되었다. 이 시기는 남북한에 각각 분단 정권이 들어선 이후 북한 지도부가 신생 국가의 경제적 기반을 다질 목적으로 '2개년(1949~1950) 경제계획'을 추진하기 위해 소련의 도움을 절실히 필요로 할 때였다. 2월 22일 아침 대동강변에서 항공편으로 출발한 대표단은 연해주에서 기차로 갈아타고 3월 3일 모스크바에 도착하여 스탈린과 면담하고 여러 차례 실무회담을 거쳐 3월 17

일 '조쏘경제문화협정'을 체결했으며, 4월 7일 평양으로 돌아갔다. 애초 북한 당국이 제시한 명단에 들어 있지 않았지만 대표단에 중도파가 더 필요하다는 소련의 요청으로 '의외에' 행운을 얻은 이가 바로 백남운이다. 그리고 그가 남긴 『쏘련인상』[17]이라는 책자가 바로 시베리아에 대한 또 다른 시선으로 주목을 끈다.

백남운

'며칠 동안이나 타고 가는지는 모르나 쏘련의 기차를 타보기는 처음'인 백남운은 일기 형식으로 기차의 생김새, 식당 칸의 음식 메뉴, 승무원들의 태도, 창밖 풍경, 그리고 그가 공식적으로 만난 사람들에 관한 개인적 소회를 상세하게 풀어놓고 있다. 반세기 전 기울어가는 조선의 고관대작 민영환이 제정러시아의 위풍당당함에 놀라움을 금치 못했다면, 새로 들어선 북한이라는 나라의 고위관리 백남운은 세계 최초의 사회주의 국가 소련에 대한 고마움과 감탄을 곳곳에서 토해내고 있다. 하지만 시베리아는 그들 방문단의 주요 목적지가 아니었고, 또 그들이 일부러 연해주의 동포들을 만난 것도 아니기에 우리는 여기서 시베리아

---

17 원본은 북한에서 발간된 白南雲, 『쏘련印象』(조선역사편찬위원회, 1950)이다. 여기에서 인용한 글은 남한에서 다시 발간된 백남운, 『쏘련인상』(선인, 2005)에 따른 것이다.

횡단 철도와 풍경에 대한 그의 묘사를 음미해보는 것이 좋을 듯하다.

북조선 대표단이 니콜스크우수리스크[18]에서 모스크바행 기차에 올라 오후 세시 반이나 되어 식당 칸에서 하게 된 첫 번째 점심식사 모습은 예나지금이나 별로 다를 바 없는 시베리아 횡단 열차 내부 풍경과 러시아인들의 손님 접대 습속을 보여준다. 이 자리에는 평양 주재 소련대사 스띠꼬프와 모스크바에서 영접차 내려온 소련외무성 의례부장 몰로치꼬프 및 그 비서가 함께했다. 일제 강점기에 동경상대를 나오고 해방 후 서울에서 연희전문 교수를 지낸 엘리트로서 외국 문물에 어둡지 않았을 백남운이지만, 그리고 해방 후 북한에 진주한 소련군을 여러 차례 만나보았음직도 하건만, 현지에서 러시아인들의 구체적인 풍속을 직접 접한 그의 심기는 호기심으로 가득했다. 경제사학자답게 묘사는 매우 구체적이다.

> 식당 안에는 백포(白布)를 깐 장방형의 식탁이 놓여 있고 푸군거리는 장의자(長椅子) 이외에 회전의자 2개와 보통 의자들

---

[18] 소련 시절에는 유명한 혁명가나 장군, 작가의 이름을 따서 옛 러시아 도시 이름을 바꾼 경우가 많았다. 당시 이 도시의 소련식 명칭은 보로실로프였다. 현재의 이름은 우수리스크다.

이 놓여 있다. 한편에는 라디오와 축음기가 있고 소탁자 위에는 신문, 잡지, 소설, 쓰딸린 약전, 과학 교양의 소책자들이 놓여 있다.

우리 대표단 일행 7명과 스띠꼬프 대사와 몰로치꼬프 씨 및 그 비서 10명이 식탁을 둘러앉는다. 40이 가까워 보이는 여성 동무 한 사람이 그 주방으로부터 직접으로 또는 그 복도의 중간으로부터 수많은 요리를 재빠르게 날러다 놓는다.

전채로서 나오는 것이

흘렙 스·마슬롬 빵과 빠다

깔바사- 순대

웻치나- 햄

사르진끼- 멸치

꼐따- 연어

이-끄르이- 어란(魚卵) 등이다.

평양을 떠나온 후 처음으로 식탁을 대하므로 누구나 구미가 당기는 모양이다. 더욱이 나는 원래 양식을 좋아하는데다가 훌출한 판이다. 그러나 양식의 관례로서 요리 나오는 순서가 있으므로 전채로써 충복(充腹)하려는 것은 무모한 일일 뿐 아니라 크게 불리하다는 것쯤은 잘 알고 있었다. 여러 가지 술안주 중에서 특히 석류알같이 멀룽거리는 연어알이 비위에 당

시베리아로 간 사람들

기게 보인다. 빵쪽에 붉은 어란을 바르고 있는 차에 그 여성이 술병들을 리레식으로 재빠르게 놓는다.

삐-버 맥주

오뜨까 화주(火酒) [즉 쏘련 백소주]

꼬냐-끄 부란듸 일종

비노- 포도주

벨로에 비노- 백포도주

끄라-스노에 비노- 적포도주

보르도- 보르도주 [즉 암홍색 포도주]

메도-끄 감(甘)포도주

시롶 과즙

나르잔 약수

솸빤스꼬에 비노- 삼편주(三鞭酒) 등이 느러놓였다.

나는 목도 컬컬한 판에 맥주나 한 곱뿌 시음하려 했으나 스띠꼬프 대사와 몰로치코프 씨는 분담한 듯이 수상 이하 대표단 일행에게 흰 술, 즉 백소주 한 잔식을 모조리 가득 부어준다. 흰 술은 전연 자신이 없었으므로 입술이나 추기고 약수를 대음(代飮)할 꾀를 생각하는 순간에 스띠꼬프 대사가 정식으로 "조선 대표단 일행이 무사히 온 것을 축하하는 의미에서

다 같이 마십시다" 하면서 가득 분 술잔을 가지고 서로 잔 부디치는 소리를 낸다. 다년간 외교관 생활을 하는 몰로치꼬프 씨는 모범을 보이는 듯이 '륨까'를 들자 흰 술을 단숨에 삼켜 버린다. 나는 반쯤 마시고 그 잔(륨까)을 놓려 하던 차에 스피꼬프 대사는 또한 단숨에 마셔버리고 자기의 빈 잔을 내보이고 조선어로 '감빼'를 연호하면서 우리 일행 중의 불주객(不酒客)들(홍명희 부수상, 김정주 체신상, 필자)의 중단할려는 작풍(作風)을 절대로 반대한다. 이리하여 백주(白酒)의 '감빼'가 철저하게 집행되었다.[19]

소련과 북한, 두 나라의 고위 관리들이 함께한 자리인지라 메뉴는 고급으로 차려진 것을 알 수 있다. 나라 전체를 혼란에 빠뜨린 제2차 세계대전이 끝난 지 불과 4년이 지난 시점이어서 당시 전후 복구가 상당히 이루어지기는 했으나 소련의 경제생활이 그리 넉넉한 형편은 아니었다. 버터를 바른 빵이야 누구나 먹는 주식이지만, 연어와 어란은 보통 사람들의 식탁에 늘 오르는 것은 아니었다. 맥주와 보드카, 코냑, 포도주, 샴페인을 망라하여 모두 7~8종류의 술이 한꺼번에 식탁에 오른 것은 그 자리가 아

---

19 백남운, 『쏘련인상』, 22-24쪽.

주 중요한 외교적 접대가 이루어지는 곳임을 드러낸 것이기도 하지만, 동시에 러시아 남자들이 얼마나 음주를 좋아하는지, 마주 앉은 손님들과 얼마나 허물없이 흥을 돋우며 잘 어울리는지를 단적으로 보여주는 장면이라고 할 수 있다. 이렇게 대낮에 건배가 철저하게 시행된 상황에서 '불주객' 백남운도 취하지 않을 도리가 없었다. 음주와 가무는 한 쌍이다.

    점심이 끝나자 스띠꼬프 대사가 옆에 있는 축음기를 틀어 놓는다. 어데서인지 음악소리가 들린다. 신기도 하려니와 곡조가 어쩐지 흥감을 돋우어준다. 누구나 얼근하게 취했는데 특히 체신상 동지는 민요에 정통한 풍류남아인데도 불구하고 술에는 제일 약한 '홍안'의 소유자로 변했다.
    그 노래의 성명을 소개하는 동지도 있었으나 후일로 약속했다. 시간이 벌써 오후 5시경이다. 기차는 눈벌판을 달리고 카텐 사이로 어른거리는 것은 드문드문 서 있는 백화목(白樺木)들이다.[20]

백화목이란 러시아인에게는 너무나 친근한 자작나무를 이름

---

20 백남운, 『쏘련인상』, 25-26쪽.

이니, 이제 기차가 시베리아를 향해 질주하고 있음을 알 수 있다. 광활한 연해주의 대지가 흰 눈에 덮여 있고 밤기차의 쇠바퀴 소리만 덜커덩덜커덩 주기적으로 들려온다. 사위는 적막하다. 제아무리 목석이라도 감회가 없을 수 없다. 하물며 두 동강 난 조선반도에서 온 손님의 감각은 어떠했겠는가.

> 백설에 덮인 광막한 벌판이 천애(天涯)와 접하여 '설해'를 이루었다. 기차 연변에는 백화목, 산적양(山赤楊), 백양(白楊) 등 줄거리만 남은 활엽수들이 한 두 나무식 점점이 서 있다.…… 설해도 장관이려니와 눈에 덮인 지면은 처녀지인 초원이 아니고 농경하는 지대인 것이 분명하다. 그것은 설면의 골판이 거의 규칙적으로 정연하게 보이는 까닭이다. 인민의 노력으로 개척된 망망한 벌판이 말 그대로 천애와 접했다. 벌판이라기보담은 '원해(原海)'인 것이다. 공간의 관념이 코페르니쿠스의 지동설 이후로 무한대로 변한 것이어니와 산이 많은 나라에서 생장한 나로서는 넓이에 대한 관념이 무한대로 확대되는 동시에 서백리아(西伯利亞)의 원해를 지내면서 육상의 무변대해(無邊大海)인 감각을 가지게 된다.[21]

---

21 백남운, 『쏘련인상』, 28쪽.

드넓은 대지를 처음 접하는 감상에 그치지 않고 백남운의 감탄은 '자연과 투쟁한 거룩한 인민'에 대한 감탄으로 이어진다. 그것은 초기 북한 정권을 지원해준 소련의 지도부에 대한 공식적인 감사와는 또 다른 감정이다. 출발한 지 닷새째 일행은 드디어 바이칼 호수에 당도했다. 명성이 자자한 호수를 지나쳐버릴지 모른다는 조바심으로 아침 일찍 일어난 백남운은 이제 제 눈으로 직접 보게 된 호반 풍경에 대해 순간 문학청년이 되어 온갖 미사여구를 모아 찬사를 바치고 있다.

울퉁불퉁한 산줄기를 주름잡아 달리는데 깎아질린 언덕들이 이맛전을 부디치는 듯하여 창안에서 바라보든 고개가 불지중에 움죽하여지며 원근에 바라보이는 봉만(峰巒)들이 구름 속에 얼굴을 가린 채로 감돌아들며 장대한 골째기를 이룬 산허리통이 무희의 허벅다리처럼 소담하게 보인다. 아마 이러한 산맥들이 바이깔호수를 출산한 어머니들이 아닌가 생각키인다. 호수의 주변으로 잡아든다 할 때 나는 그 수면을 볼 수 있는가고 기대했던 것이다. 오전 8시경에 바이깔 호반을 당도했다는데 수면은 보이지 않고 수평면으로 된 문자 그대로 설해인 것이다. 여러 날 동안 바라보고 눈에 익은 설해는 고저의 물결을 이룬 설해이었다면 오늘 아침에 발견된 이 설해는

찰랑거리는 파문도 없는 잠든 설해인 것이다. 그러나 아침 햇살의 도금된 광파(光波)가 호상에서 환약(幻躍)하는 광경은 잠든 설해의 태양을 맞이하는 눈우숨인 것이다. 기차는 호반을 지나간다는데 호면이 숨겨지고는 깍아질린 언덕들이 감돌아 가고 울멍줄멍한 산록들을 달려 넘어가기도 하고, 돌뼈다구니가 험상구진 산허리통을 꿰뚫어 지내기도 한다. 이렇듯이 바이깔의 남쪽 호안(護岸)을 이룬 연봉(連峰)의 발뿌리를 시처 지내는 동안에 아까 보든 잠든 설해가 다시금 그리워진다. 백설에 분장된 당회림(唐檜林) 백화림 사이로 어른거리는 눈벌은 바이깔호의 재현이 분명하다. 저 호면에 덮어 씨운 눈[雪]보자기를 베껴버리면 제바람에 흥청거리는 바이깔호수의 아름다운 동체의 곡선미와 태양에 반짝이는 눈[眼]망울의 모습이 얼마나 장엄하고도 아름다울 것인가!……

일곱 시간이나 바이깔 호반을 지내노라니 시간상으로는 지리할 법도 하지만 실제로는 시간가는지를 모를 정도로 유쾌한 노정인 것이다.[22]

지금 시베리아 횡단 열차를 타는 사람들은 백남운 일행처럼

---

22 백남운, 『쏘련인상』, 34-37쪽.

그 바이칼 호수를 일곱 시간씩이나 바라보고 갈 수는 없다. 처음에 놓인 철로가 물길에 잠기는 바람에 나중에 다른 노선을 깔았기 때문이다. 대신 이르쿠츠크에서 몇 시간 동안 버스를 타고 들어가는 아름다운 마을 슬류쟌카에서 오전 열시에 출발하는 바이칼 호수 관광열차에 오르면 그 깊고 푸른 호수에 손발을 담그는 호사를 누리면서 종일 호반을 구경하고 돌아올 수 있을 것이다.

3부
문학과 예술의 시베리아

01 구원을 갈구하는 가난한 영혼, 그리고 카츄샤의 부활

더할 나위 없이 훌륭한 기후, 손님을 환대하는 수많은 부유한 거상들,……아가씨들은 장미처럼 피어나고, 몸가짐 또한 극히 단아하다. 들새는 거리를 따라 날아다니고, 스스로 사냥꾼에게 뛰어들기도 한다. 샴페인을 무척이나 많이 마실 수 있고, 이크라(철갑상어나 연어의 알을 뜻하는 러시아말)도 훌륭하다. 수확은 장소에 따라 뿌린 것의 열다섯 배도 가능하다.……

그렇듯 말할 수 없이 정겨운 주민들이 살고 있는 즐겁고 만족스러운 도시들 중의 하나에서 만들어진 추억은 아직도 내 마음속에서 지워지지 않고 남아 있다.[1]

---

[1] 표도르 도스또예프스끼, 『죽음의 집의 기록』, 이덕형 옮김, 열린책들, 2000, 14-15쪽.

작가 도스토예프스키의 마음속에 이처럼 따스하고 낭만적으로 추억되는 정겨운 도시는 과연 어디일까? 지중해 연안, 스페인이나 이탈리아의 어느 해변에 나지막이 자리한 소도시를 연상시키는 이곳은, 그러나 사람들의 그러한 익숙한 연상을 영락없이 배반하는 시베리아의 서부에 위치한 한 도시였다. 이 도시는 작가 자신이 유형을 마치고 군인 생활을 하다가 나중에 결혼하게 된 서부 시베리아의 쿠즈네츠크인 것으로 추정된다.

그런데 바로 그 낭만의 땅, 어스름이 깔리는 저녁에 우수에 찬 목소리로 작가의 가슴을 미어지게 했던 구슬프고 아름다운 노래가 있었다.

> 내가 태어난 고향을
> 내 두 눈은 보지 못하리.
> 무고한 고통을
> 이제 나는 영원히 받을 운명.
> 지붕에서 올빼미가 울어,
> 숲을 따라 메아리치네.
> 내 가슴은 슬픔에 잠겨 있고,
> 나 더 이상 그곳에 가지 못하리.[2]

십자가를 진 도스토예프스키 상

모진 운명을 한탄하는 이 노래는 언제부턴가 한 시베리아 감방의 죄수들 사이에서 불려 내려온 비가(悲歌)였다. 그것은 또한 당대 러시아의 수도이자 문학의 중심인 페테르부르크로부터 추방된, 곧 자신의 땅에서 유배당한 작가의 절망적인 자조이기도 했으리라.

영혼의 심연을 파고들어 인간과 신의 관계에 대한 근원적인 질문을 던졌던 이 19세기 러시아 작가에게 비친 시베리아는 이렇듯 이중적이었다. 황량하고 가혹하기 그지없는 동토, 사람이 아니라 죄수의 신분만이 허락되는 버려진 유배의 땅으로 표상되는 시베리아! 일찍이 푸슈킨이 「시베리아 루드의 심연에서」(1827)라는 시에서 '암울한 지하', '캄캄하게 닫힌 곳', '암흑의 방'으로 묘사했던 바로 그 저주받은 공간. 도스토예프스키는 젊은 날 한때 농노제와 검열제도의 폐지

---

2 도스또예프스끼, 『죽음의 집의 기록』, 273쪽.

를 지지하는 사회주의 그룹에 가담하여 전제주의의 전복을 꿈꾼 불온 죄로 이곳에서 4년간 유형 생활을 감내해야만 했다. 그는 감옥을 나와서도 세미팔라틴스크 수비대에서 병사로 복무하다가 시베리아 땅에 첫발을 디딘 후 10년의 세월을 견뎌내고서야 페테르부르크로 되돌아갈 수 있었다.

친형에게 보낸 편지에서 1850년 겨울부터 시작된 네 해 동안의 옴스크 유형 생활 기간을 "마치 산 사람이 관 속에 있는 것과 같은 시간이었다"고 술회했던 작가는, 궁벽한 시베리아의 오지에서 러시아 민중에게 자유란 무엇이며 운명이란 무엇인지를 고통스럽게 되물었다. 이웃한 서구에서는 바야흐로 이성과 계몽의 정신문화가 사회적 에토스가 되고 있던 시대에 유럽에서 가장 부유한 황실과 가장 궁핍한 농민이 공존하는 지체된 중세의 나라에서 인간 존재의 궁극적 의미를 탐구해야만 했던 작가는 자신이 갇혔던 그 죽음의 집을 이렇게 묘사했다.

우리들의 감방은 요새 끝, 장벽 바로 옆에 있었다. 담장 틈새로 혹시 무엇인가 보이지 않을까 해서 신이 창조한 세상을 바라보노라면, 여기서는 단지 하늘의 가장자리와 굵은 잡초가 자라고 있는 높다란 토성과 밤낮 그 위를 오가는 보초들만 볼 수 있을 것이다. 그리고 여기서는, 한 해가 모두 지나가

도스토예프스키   톨스토이

버려도 여전히 이전과 마찬가지로 담장의 틈새를 통해 무엇인가를 보러 가서는 똑같은 토성과 똑같은 보초들과 아주 작은 하늘의 가장자리만을 볼 뿐인데도, 그 하늘은 감방 위의 하늘이 아니라 저 먼 곳의 또 다른 자유의 길이라고 생각하게 된다.……울타리의 다른 한쪽은 늘 잠긴 채, 보초들이 밤이고 낮이고 지키고 서 있는 견고한 출입문이 달려 있다.……

이 출입문 너머에는 여느 누구와 다름없는 보통의 사람들이 살고 있는 광명과 자유의 세계가 펼쳐져 있다. 그러나 울타리 안쪽에서는 그곳을 마치 환상적인 이야기 속의 세계처럼 상상했다.……그곳에는 자기만의 특별한 법칙들과, 복장과 풍습과 관습 등이, 그리고 살아 있으나 죽은 집이, 어느 곳에도

존재하지 않는 삶과 특별한 사람들이 있었다.[3]

페테르부르크로 돌아온 후 도스토예프스키는 자신이 겪었던 '살아 있으나 죽은' 것과 다름없었던 시간들을 알렉산드르 페트로비치 고랸치코프라는 주인공을 내세워 『죽음의 집의 기록』이라는 장편 소설로 복원해냈다. 그에게 '말할 수 없이 정겨운 주민들이 살고 있는 즐겁고 만족스러운 도시'는 인생의 수수께끼를 풀 수 있는 사람들과, 또는 인생의 수수께끼를 풀 수 없는 사람들이, 혹은 만족스럽게 뿌리를 내리고, 혹은 우울에 젖어 탄식하다가 한 줌의 미련도 없이 떠나가는 바로 그 시베리아였다. 따라서 인간 존재의 본원적 소외라는 비극의 해부학을 통해 러시아 민중의 고통과 전제 국가의 야만 사이에 놓인 심연을 잇고자 했던 이 모순의 천재 작가에게 시베리아는 저 너머 광명과 자유의 세계를 갈구하는 창살이자 동시에 넘을 수 없는 인간의 한계를 적나라하게 보여주는, 그리하여 급기야 존재의 운명과 그 창조자로서 신의 영역에 복종하게 되는 도덕적·정신적 정화의 공간이기도 했다.

그리하여 보수적인 슬라브주의자로 귀향한 도스토예프스키

---

3 도스토예프스끼, 『죽음의 집의 기록』, 23-24쪽.

톨스토이 무덤

의 시베리아가 종국에는 작가 자신이 겪었던 고통의 심연으로부터 한 가닥 희미한 구원의 빛을 갈구한 곳이었다면, 말년의 생을 작가로서보다 차라리 사회사상가이자 개혁가로서 살았던 톨스토이의 시베리아는 깊은 나락으로부터 빠져나와 지상의 한복판에서 드디어 빛을 찾게 된 두 인간의 전형이 창출된 곳이었다. 타락한 세기의 종막, 새로운 시대의 여명에(1899년) 톨스토이에 의해 '부활'된 카츄샤는 고행의 시베리아 유형 길에서 성취된 러시아 민중의 정화 그 자체를 의미했다. 그녀의 종착점은, 그러나 도스토예프스키적 운명에의 복종이 아니라 '수난 받는 민중의 발견'이었으며, 그것은 타락한 창녀로부터 각성한 민중으로의 갱생 그 자체였다. 카츄샤는 처음에 자신을 물질과 욕망이 지배하는 도시, 어둠의 세계로 빠져들게 했던 네플류도프 공작의 참회 어린 노력 끝에 시베리아에서 특사로 풀려나 새로운 생을 시작할 수 있게 되었다. 그녀는 겉으로는 공작 덕분에 악의 세계로부터 구원받을 수 있었던 것처럼 보이지만, 사실은 타락한 상류 세계의 안락에 젖어 있던 네플류도프를 순수한 러시아 농민들의 세계 그리고 헌신적인 혁명 운동가들의 세계로 인도함으로써 오히려 그를 구원했던 것이다. 그리하여 비록 자신을 사랑하는 카츄샤를 끝내 인생의 반려자로 얻지는 못했지만, 대신 정신적 갱생을 얻게 된 공작은 산상수훈 속에서 놀라운 생의 섬광을 찾게 되는 것이다.

> 네플류도프는 타오르는 램프 불빛을 응시하며 움직이지 않았다.……그러자 새로운 환희가 그의 마음속에 용솟음쳐 올랐다. 마치 오랫동안의 고통과 괴로움 속에서 해방되어 갑자기 평안함과 안정을 얻은 듯했다.[4]

그가 바야흐로 얻게 된 정신적 해방과 평안은 본래 자신이 속했던 지배 계급의 명령과 말단 관리들의 집행으로 민중과 정치범들에게 자행되는 '전율할 만한 악'이 사라진 세계에 대한 전망에 기인한 것이었다. 따라서 그는 처음에는 카츄샤에게 저지른 죄에 대한 참회를 통해 개인적인 구원을 얻을 계기를 마련했고, 나중에는 자신이 속했던 상류 계급 자체의 타락에 대한 참회를 통해 사회적 구원을 얻게 되었다. 여기에서 우리는 어쩌면 귀족

---

4 레프 톨스토이, 『부활』 2권, 박형규 옮김, 인디북, 2004, 377-378쪽.

계급 출신의 작가이자 사상가였던 톨스토이 자신의 참회와 부활의 길을 보고 있는지도 모른다. 이 장편 소설의 서두는 그러한 장엄한 결론을 예시하고 있는 것만 같다.

> 몇 십만의 인간이 한곳에 모여 자그마한 땅을 불모지로 만들려고 갖은 애를 썼어도, 그 땅에 아무것도 자라지 못하게 온통 돌을 깔아버렸어도, 그곳에 싹트는 풀을 모두 뽑아 없앴어도, 검은 석탄과 석유로 그을려놓았어도, 나무를 베어 쓰러뜨리고 동물과 새들을 모두 쫓아냈어도, 봄은 역시 이곳 도시에도 찾아들었다. 따스한 태양의 입김은 뿌리째 뽑힌 곳이 아니라면 어디에서고 만물을 소생시켜, 가로수 길의 잔디밭은 물론 도로의 포석 틈새에서도 푸른 봄빛의 싹이 돋고, 자작나무와 포플러와 구름나무도 봄 내음 풍기는 촉촉하고 윤기 나는 잎을 내밀고, 피나무도 이제 막 싹을 틔우고 있었다. 둥우리를 만들기에 바쁜 떼까마귀와 참새는 새봄을 맞아 아주 즐거워 보였고, 양지 바른 담장 가에서 파리들도 분주히 날고 있었다. 식물도 새도 곤충도 어린애들도 모두 명랑했다.[5]

---

5 톨스토이, 『부활』, 1권 9-10쪽

02 저주받은 섬 사할린으로 간 안톤 체호프

    근대 문학사에서 단편 소설의 완성자로 불리며 셰익스피어와 더불어 지금도 세계 곳곳에서 가장 빈번하게 상연되는 드라마 작가인 안톤 체호프는, 사상범이 아닌 자유의 몸으로 시베리아 여행을 경험한 최초의 러시아 작가였다. 후일 『세 자매』, 『벚꽃 동산』, 『바냐 아저씨』, 『갈매기』 등 4대 장막극과 「개를 데리고 다니는 여인」 등으로 세계적인 명성을 얻은 그가, 당시에는 아무도 생각하지 못했던 시베리아와 사할린 섬으로 극지 여행을 감행한 때는 나이 서른이 되던 1890년이었다. 아직 젊은 나이의 그는 이미 의사(그는 모스크바 대학 의학부 출신이다)라는 생업을 가진 소설가로서, 권위 있는 푸슈킨 상을 수상한 촉망받는 작가로서, 『스텝(초원)』, 『이바노프』 등 당대 러시아 문단과 무대에서 인기를 누리던 여러 작품의 창작자로서, 남부러울 것이 없는 듯 보였다.

'그 무슨 야만의 환상인가', '사할린은 아무에게도 관심이 없다'는 동료의 빈정거림을 뒷전에 두고 작가는 길을 떠났다. 바야흐로 봄볕이 대지를 따스하게 적시기 시작하던 봄(4월 21일) 몇몇 문인들의 환송을 받으며 체호프는 모스크바의 야로슬라블 역으로부터 머나먼 '지옥으로 가는 여행' 길을 떠났다. 세르기예프 포사트까지 배웅해준 동무들과 헤어진 작가는 이후 러시아의 젖줄 볼가 강을 오가는 기선을 타고 니즈니노브고로드를 거쳐 페름에 이르렀다.

거기서 기차를 타고 우랄 산맥에 인접한 도시 예카테린부르크를 지나 튜멘에 이르러 다시 마차로 갈아타고 톰스크, 옴스크를 지나 동시베리아 지역인 크라스노야르스크, 이르쿠츠크를 거쳐 극동인 네르친스크에 당도했다. 거기에서 말을 내려 아무르 강을 타고 블라고베셴스크, 니콜라옙스크에 당도, 다시 '바이칼'이라는 이름의 기선으로 갈아타고 타타르 해협을 지나 드디어 7월 11일 사할린 섬 북부 알렉산드롭스크에 도착했다. 모스크바를 출발한 지 불과 열흘이 모자라는 석 달간의 여로였다. 그로부터 정확히 석 달 이틀간 이 야만의 섬에서 조사 활동을 마친 작가는 다시 뱃머리에 올라 동남아시아 방향으로 귀로에 올랐으니 그가 거쳐 간 항구와 바다만도 블라디보스토크, 싱가포르, 콜롬보, 인도양, 수에즈 해협, 콘스탄티노플, 그리고 오데사까지였다.

그리고 그해가 저물어가는 12월 8일, 드디어 모스크바로 귀환했다.

'지옥으로 내려간 오르페' 체호프가 세상 끝에서 보고자 한 것은 과연 무엇이었으며, 그 고행 길을 부추긴 것은 진정 무엇이었을까? 이에 관해 정확히 알려진 것은 없다. 유럽식 교육을 받은 이 작가가 당시로서는 문명인이 살 수 없는

안톤 체호프

극동의 한 섬에 버려진 유형수들의 생활 실태를 조사하여 책을 쓸 계획이라는 것이 공식적인 이유였다.

당시 러시아 신문 《노보스치 드냐(오늘의 소식)》는 '센세이셔널한 뉴스'로 이를 취급하면서 이렇게 썼다. "체호프가 유형수들의 생활을 연구하기 위하여 시베리아 여행을 결심했는데, 시베리아를 갔다 오는 일은 러시아 작가로서는 처음이다." 뭔가 숨겨진 진짜 심리적 동기가 있을 것이라고 추측한 사람들은, 이제 작가로서 사회적 명성은 얻었으나 이미 따분하고 비루해진 일상으로부터 출구를 모색한 것이 그런 극단적인 선택이 아니었겠느냐고 말하는가 하면, 이루어지지 못한 리지야와의 사랑 때문이었을 것이라고 짐작한 전기 작가도 있었다.

작가 자신은 여행 출발 전 동료의 비아냥거림에 대해 이렇게

문학과 예술의 시베리아

말했다. "그렇다. 만약 그 섬으로 수천 명의 사람들을 유형 보내지 않고 수백만 루블을 허비하지 않는 사회라면 사할린은 관심 밖의 일일 것이다.……거기는 참을 수 없는 고통의 장소이며, 오직 해방 농노와 노예만이 모진 목숨을 부지할 수 있을 뿐인 곳이다.……사할린 같은 곳으로 우리는, 마치 투르크인들이 메카를 향하듯이 참배의 길을 떠나야만 한다."

그는 아무도 가지 않았던 길을 떠났고, 결국 지쳐 돌아왔다. 그는 이후로 그 여행에 관해 아무 말도 하지 않았다. 가족이나 가까운 동무들에게 몇 마디쯤은 했겠지만 '문학적으로는' 한마디도 발언하지 않았다. 그 자신 거기에서 "나는 모든 것을 보았다!"고 반복해서 말했던 그런 여행이 마치 없었던 것처럼, 아니면 그런 것이 뭐 대수롭기나 한 것이냐는 투로 그는 고난의 시베리아 길과 사할린 섬에서 혼신을 다해 만났던 사람들의 곡진한 운명에 관해 한 편의 작품도 남기지 않았다. 『사할린 섬』[6]이라는 이름의 위대한 사회학적 보고서가 그가 세상에 남긴 전부였다.

일찍이 18세기의 러시아 관리이자 계몽 지식인이었던 라디셰프가 『페테르부르크에서 모스크바로의 여행』에서, 그리고 1970년대 소련의 반체제 작가였던 솔제니친이 『수용소 군도』에서 처절

---

6 Антон Чехов, *Остров Сахалин*, М., 2004.

하게 고발했던 권력의 야만과 인간의 타락에 관한 정밀한 기술이 작가의 일차적인 목적이었던 것이다. 그가 사할린 섬에서 본 '모든 것'에는 섬에 주둔한 정부 측 우두머리의 반대를 무릅쓰고 접촉했던 지역 관리들, 정치범들, 유형수들의 생활과 별반 차이가 없었던 계약직 고용원들, 지옥 같은 섬에서 벌어지는 생존의 격투장에서 하녀 노릇을 하는 여자들, 그리고 길랴크(니브히족), 아이누, 오로치(예벤키족) 같은 섬 원주민들과의 만남 등이 포함되어 있었다. 석 달 동안 작가는 일일이 그들 한 명 한 명을 방문하고 면담하면서 그들의 일상생활, 건강 상태, 권력 당국이 취하는 조치, 유형수들의 심리 등을 꼼꼼히 조사하여 카드를 채워나가고 구체적인 통계 수치를 만들었다. 그 결과가 바로 『사할린 섬』이었다.

그는 필경 버려진 사람들의 섬에서 자신의 운명을 예감했는지도 모른다. 나이 서른에 그에게는 벌써 일생 그를 따라다닌 결핵의 초기 증상이 나타나고 있었다. 쑤보린이라는 친구에게 보낸 한 편지에서 작가는 "나는 어쩌면 결코 돌아오지 않을지도 모른다"고 썼다. 그보다 반세기 전 명성의 절정에서 홀연 사라졌던 조선의 화가 오원 장승업처럼, 또는 자신보다 반세기 후 어느 날 비행기에 몸을 싣고 하늘로 사라졌던 생텍쥐페리처럼, 젊은 체호프도 세상의 끝에서 사라지는 꿈을 꾸었는지도 모른다.

따라서 시베리아의 풍광을 한가로이 묘사하는 것이 이 작가의 관심사는 아니었다. 무려 석 달 가까이 거쳐 간 길임에도 그가 남긴 시베리아 인상기는 소소하기만 하다. 그럼에도 불구하고 이방인 독자의 관심을 끄는 몇몇 편린조차 발견할 수 없을 정도는 아니다. 그중에서도 그가 먼저 밟았던 시베리아의 서쪽과 나중에 지나간 동쪽을 비교하는 대목은 자못 흥미롭다.

길가의 풍경에 조금이라도 관심을 가진 사람이라면, 러시아에서 시베리아로 가는 길[7]은 우랄에서 예니세이까지 지루하기 짝이 없다고 생각했을 것이다.
2,000베르스트(러시아의 거리 단위. 1베르스타는 약 1.06킬로미터)가 넘는 거리를 지나오면서 여행자의 기억에 남는 것은 차가운 평원, 구부정한 자작나무들, 여기저기 패인 물웅덩이들, 오월의 황무지에 남아 있는 잔설들, 침울한 오비 강물 등이 전부이다. 그러나 원주민들이 숭배하고 우리의 탈주자들이 존중하는, 그리고 시베리아의 시인들에게 마르지 않는 금광이 되어주는 독창적이고 위대하고 매력적인 자연은 비로소 예니

---

7 20세기 초반만 하더라도 우랄 산맥 서쪽의 유럽지역 러시아인들에게 시베리아는 새로 개척한 '식민지'라는 의식이 강했기 때문에 물리적으로나 정서적으로 매우 특별한 곳으로 여겨졌다.

세이 강에서부터 시작된다.

내 평생 예니세이와 같은 위대한 강은 보지 못했노라고 말한다고 해서 볼가 강의 찬미자들은 노여워하지 말 일이다. 볼가 강이 곱게 차린, 온순한, 침울한 미인이라면 예니세이는 도대체 어디에다 제 힘과 젊음을 쏠지 몰라 하는 굳세고 맹렬한 장수라고 할 만하다. 볼가에서는 처음엔 대담하던 사람이 나중엔 신음을 내게 되고 번쩍이던 희망이 러시아 허무주의라고 부르는 쇠약함으로 변질되지만, 예니세이에서 인생은 거꾸로 울음소리에서 시작하여 대담함으로 끝을 맺는다.[8]

마부를 앞세운 젊은 여행자의 심기를 내내 음울하게 채색했던 서시베리아의 단조로운 세계가 지나가자 그는 아연 활기를 띠고 생동하는 자연을 관찰하기 시작한다. 시베리아를 상징하는 울울창창한 타이가에 관한 체호프의 그럴듯한 묘사 또한 우리가 비켜가기 어려워 여기 인용할 만하다.

타이가의 힘과 매혹은 거대한 나무들이나 무덤 같은 고요에 있지 않고, 오로지 창공을 나는 새들만이 그 끝을 알 수

---
8 Антон Чехов, Остров Сахалин, p.44.

있는 광활함에 있다. 첫째 날은 거기에 아예 신경을 쓰지 않을 것이지만, 이틀째와 사흘째엔 놀라게 될 것이요, 나흘째와 닷새째엔 그 검푸른 괴물로부터 벗어나지 못할 것 같은 두려움에 젖게 될 것이다. 숲으로 뒤덮인 높은 야산 앞에 서서 길을 따라 동쪽으로 시선을 던지면 저 멀리 아래로 숲이 펼쳐지고, 또다시 우거진 야산이 나오고, 그 넘어 우거진 또 다른 야산이 끝도 없이 나타난다. 하룻밤 자고 나서 다시 야산에서 앞을 바라보면 또다시 같은 장면이 펼쳐진다. 이윽고 앙가라와 이르쿠츠크가 나타나지만 사방으로 난 수백 킬로미터의 길이 어디로 뻗은 것인지는, 타이가에서 태어난 마부도 농부도 알지 못한다. 그들의 상상력은 우리를 능가하지만 타이가의 넓이를 함부로 정하지 않으며, 우리의 질문에 단지 "끝이 없습니다!"라고 답할 뿐이다. 그들에게 알려진 것이라곤, 겨울이 되면 어떤 사람들이 타이가를 거쳐 머나먼 북쪽으로부터 사슴을 타고 내려와 빵을 사간다는 것뿐이요, 그들이 누구이고 어디로부터 온 것인지는 노인네들조차 알지 못한다.[9]

그러나 다시 상기하건대, 체호프의 진정한 관심은 야생의 자

---

9 Антон Чехов, *Остров Сахалин*, p.45.

연이라기보다 세상에서 버림받은 자들의 가혹한 운명에 있었다. 야만적인 전제 권력이 자유로운 영혼들을 핍박하는 현실의 제도에 대한 작가의 분노는 『사할린 섬』의 건조하고 간결한 문체의 행간에 촘촘히 박혀 있다. 자신의 땅으로부터 세상 끝에 자리한 섬에 유배당한 자들의 운명에 기울인 그의 관심은, 범죄자들의 불행의 근원은 그들을 교화하기보다는 개성을 말살하는 데 힘쓰는 전제 군주의 국가 정책이라는 확신에서 비롯되었다. 그는 당대 사회 질서를 뒤엎으려 했던 좌파 혁명가의 대열에 결코 동참한 적이 없었다. 하지만 그는 시대의 격변을 온몸으로 겪은 해방 농노의 후손으로서, 날마다 모스크바 근교 멜리호바 동네 사람들의 질병을 상대했던 섬세한 의사로서, 억누를 수 없는 인간의 개성과 자유를 옹호하는 전통에 선 러시아 작가로서, 『사할린 섬』을 통해 글을 쓰는 자신의 존재 이유를 명료하게 증언했던 것이다.

03 앙가라 강물에 비친 달빛

 헤아릴 수 없는 경이와 공포의 근원으로서 자연의 시원을 끊임없이 연상시키며 폭발하는 캄차카의 화산과 알타이의 만년설 앞에 서면 인간의 왜소함과 유한성 그리고 삶의 덧없음을 절감한다. 부풀어 오른 시베리아 처녀의 젖가슴마냥 풍만한 보름달빛이 휘영청 앙가라 강물 위를 비출 때 홀로 적막한 오솔길을 소요하노라면 바스락거리는 관목 이파리 소리만이 검푸른 숲의 정적을 증언한다.

 침묵은 소리의 사라짐이 아니라 공간에 생명을 부여하는 존재의 가벼운 맥박이라고 했던가? 우주의 그 내밀한 떨림에 나는 귀를 기울이고, 헨리 소로가 그러했던 것처럼 달의 여신 다이애나의 은밀한 소리를 듣는다. 침묵이 메아리친다.[10] 끝없이 고요한 시베리아의 달빛 아래 숲 속에 음악이 가득 찬다.

그 순간 나는 무엇을 생각하거나 행동하기를 그만두고 그저 안개 속의 먼지처럼 부유할 뿐이다. 이렇게 미세한 인간은 새벽이면 흔적만 남긴 채 스러지는 저 달빛과도 같은 존재에 불과한가? 대저 존재의 근원, 존재의 심연에는 무엇이 있는가?

이반 투르게네프

어둠 속을 배회하던 이방인 산보자의 뇌리에 『사냥꾼의 수기』, 『첫사랑』, 『아버지와 아들』의 작가 이반 투르게네프가 떠오른다. 19세기 중반 전제군주제와 농노제로 신음하던 러시아 땅에서 계몽적 이성과 인간 사회의 진보를 갈망했던 그는, 하지만 1861년 차르의 '해방령'에 따라 비로소 '인간'으로 승격된 농노들이 자신의 조국에 공화국을 세우는 것을 끝내 보지 못했다. 작가로서 오랜 명성을 누린 파리 생활을 마치고 예순이 넘은 말년에야 고향으로 돌아온 그는, 이제 병상에 누워 누구와도 공유할 수 없는 절대 고독의 세계에 침잠한다. 젊은 시절을 화려한 유럽에서 보낸 작가는 페테르부르크의 볼코보 묘지에 묻히기 일 년 전에 쓴 산문시에서 점점 소멸에 다가가는 인간

---

10 다비드 르 브르통, 『걷기 예찬』, 김화영 옮김, 현대문학, 2002, 71쪽.

존재의 무기력과 공허감에 사로잡혀 이렇게 탄식한다.

> 지나가버린 거의 모든 하루하루가 왜 이다지도 공허하고 무기력하고 무의미한 것일까!
> 그가 남긴 발자취는 왜 이다지도 초라하기만 할까!
> 그 한 시간 한 시간이 얼마나 무의미하게 헛되이 지나가버렸는가!
> ……
> 그러나 왜 인간은 앞으로 다가올 날들이 방금 지나가버린 날들과 같지 않을 것이라고 상상하는 것일까?
> ……
> "자, 내일은, 내일만은!" 하고 인간은 자기 자신을 위로한다. 바로 그 '내일'이 그를 무덤으로 데려다줄 그날까지.
> 그리고 일단 무덤에 눕고 나면 하는 수 없이 사고(思考)도 멈추고 마는 것이다.[11]

누구와도 나눌 수 없는 그 깊은 고독은 존재의 어찌할 수 없는 사멸이라는 두려움을 불러일으킨다. 회피할 수 없는 운명의

---

11 이반 투르게네프, 「내일, 내일만은」, 『투르게네프 산문시』, 김학수 옮김, 민음사, 1997, 88쪽.(인용자가 번역 일부를 수정함)

필연 앞에서는 작가인 인간과 그가 기르던 개 한 마리조차 더 이상 차별성을 지닌 존재가 될 수 없다. 다만 서로를 응시하며 근원에서 동일한 두 생명의 사라짐을 받아들일 뿐이다. 생의 정점, 청춘이 아니라 존재의 끝, 소멸의 문턱에 이르러서야 인간의 공포와 개의 무심(無心)이 비로소 동등의 수준, 높낮이 없는 순간에 도달하는 것은 비극적인 역설인가, 또는 생명 가진 모든 것들이 인정할 수밖에 없는 단 하나의 진실인가?

> 방 안에는 우리 둘―개와 나.
> 밖에는 사나운 폭풍이 무섭게 울부짖고 있다.
> ……
> 나는 알고 있다.―지금 이 순간, 개도 나도 똑같은 감정에 젖어있다는 것을,
> 우리 둘 사이에는 어떠한 간격도 없다는 것을.
> 우리 둘은 조금도 다를 것이 없다.
> 똑같이 전율에 떠는 불꽃이 저마다의 가슴속에 불타며 빛나고 있다.
> 이윽고 죽음이 다가와서 이 불길을 향해 그 싸늘한 넓은 날개를 퍼덕거리리라.……[12]

언젠가는 마지막에 다다를 것이라는 피할 수 없는 자인(自認)으로부터 응당 느끼게 되는 삶의 허무와 죽음에 대한 공포는, 물론 투르게네프 혼자만의 몫이 아니었다. 『팡세』의 저자인 파스칼도 "이 세상의 삶은 한순간에 지나지 않고, 죽음은 그것이 어떤 성질의 것이든 영원하다. 이것은 의심의 여지가 없다"[13]고 쓰지 않았던가?

파스칼보다 훨씬 전 로마에서 박해받던 초기 기독교인들의 인사말은 "메멘토 모리(Memento Mori)"였다고 한다. '네가 죽는다는 사실을 기억하라'는 것이다. 굳이 서양 사람들의 경우가 아니더라도 우리네 고려 시대 한 시인의 한탄, "산천은 의구하되 인걸은 간 데 없네"는 또 어떤가? 아니면 오늘날까지도 청춘의 축복을 구가하는 결혼식장에서 주례가 신랑 신부에게 요구하는 '신랑은/신부는 검은 머리가 파뿌리가 되도록 신부를/신랑을 사랑하겠습니까'라는 다짐이나, '죽음이 우리를 영원히 갈라놓을 때까지 사랑하겠다'는 맹서는 또 무엇인가? 기실 영원한 죽음이라는 저 너머 다가오는 어두운 공포의 그림자를 일시적 사랑이라는 환상의 장막으로 가려보려는 안타까운 시도가 아니겠는가!

---

12 이반 투르게네프, 「개」, 『투르게네프 산문시』, 28쪽.
13 마키 유스케, 『시간의 비교사회학』, 최정옥·이혜원·박동범 옮김, 소명출판, 2004, 9쪽에서 재인용.

이러한 인간들에게 노년의 쓸쓸함과 허무는 가버린 청춘에 대한 회한과 갈망에 다름 아니다. 그것은 노인에게 기꺼이 정답게 손을 내미는 젊고 순결한 처녀에게는 아직 이해될 수 없는 것이다. 약동하는 청춘은 심야의 달빛에서 생의 종언을 예감할 수 없는 탓이다. 노인은 한때 처녀의 길을 걸어왔으나 이미 너무 멀리 와버렸다고 한탄하고, 처녀는 자신을 바라보는 노년의 눈빛이 자기 몫이 아니라고 단정한다. 그들은 아주 가까이 마주하고 있으나 또한 서로 너무 멀리 떨어져 있다.

그녀는 정답고 파리한 손을 나에게 내밀었다.
……
그러나 나는 무뚝뚝하게 그 손을 떨쳐버렸다.
그 젊고 사랑스러운 얼굴에 당혹해하는 빛이 감돌았다.
그 젊고 선량한 두 눈이 책망하듯 나를 바라본다.
그 젊고 순결한 마음으로는 나를 이해할 수 없으리.
"제가 무슨 잘못이라도 했나요?"
그녀의 입술이 속삭인다.
"네게 무슨 죄가 있으랴?
저 찬연히 빛나는 하늘의 가장 순결한 천사가 차라리 죄를 지었을망정."

> 그래도 너의 잘못은 내게 너무도 크구나.
> 네가 이해할 수 없고, 나도 그것을 설명해줄 수 없는,
> 그 무거운 죄를 너는 그예 알려 하느냐?
> 그럼 일러주마. "너의 청춘, 나의 노년."[14]

자신의 존재가 육체적·정신적 한계에 다다랐을 때 또는 그것을 절감하게 될 때 우리의 시선은 아스라이 사라진 인생의 뒤안길로 향하든지 아니면 아직 오지 않은, 어쩌면 영원히 오지 않을 먼 내일로 향하게 된다. 투르게네프처럼 지나간 청춘을 안타까이 뒤돌아보며 싱싱한 처녀를 질투하든지 아니면 혁명의 시인 마야코프스키처럼 오로지 자신을 미래로 투사함으로써만 위안을 얻게 되는 것이다. 현재는 고통과 모멸로 얼룩져 있으며, 그것을 견디어내는 안간힘은 오직 인간의 역사와 더불어 쌓여 온 모든 것이 시간의 폭탄에 날아간 이후에야 찾아올 그날에 대한 기대로부터만 가능한 것이다.

> 행진!
>   시간이

---

[14] 이반 투르게네프, 「누구의 죄」, 『투르게네프 산문시』, 112쪽.

　　　　뒷전에서
　　　　　　폭탄처럼 터지게 하라.
바람이여,
　　　　헝클어진 머리채만을
낡은
　　시대로
　　　　불어버려라.

……

그러니
　　우리는
　　　　미래에서
　　　　　　즐거움을 찾아야 한다.
이 세상에서
　　　　죽는 것은
　　　　　　별로 어렵지 않다.
삶을 사는 것이
　　　　훨씬 어렵다.[15]

마야코프스키

20세기 초반 미래주의(Futurism)에 몸을 실은 이후 20대부터 이미 이 유파의 대표 시인으로 군림한 마야코프스키는 동지들과 더불어 러시아 곳곳을 광대처럼 순회하며 "고상하고 점잔빼는 부르주아 소시민의 간담을 서늘하게 하였다." 기존의 모든 제도와 관습을 내동댕이쳤던 그가 1917년의 혁명에 환호한 것은 논리적이고도 자연스러운 일이었다. 이후 '혁명의 계관시인'이 된 마야코프스키는 곧 다가오고야 말 새로운 세계에 대한 지칠 줄 모르는 선동가가 되었다. 하지만 현실의 배반에 이념을 맞추는 냉정한 정치가가 아니라 깃발을 높이 든 채 열광하고 분노하는 시인일 수밖에 없었던 그는 점차 일상을 지배하는 제도화된 혁명 권력의 타락과 더 이상 앞으로 나아가기를 주저하고 안주하는 소시민의 정서를 참아낼 수 없었다.[16]

그럼에도 마야코프스키가 '죽는 것보다 훨씬 어려운 생'을 영위한 것은, 시간의 암석을 뚫고 오고야 말 자신의 재림에 대해 가장된 또는 과장된 확신 때문이었다. 아니, 결코 오지 않을 미

---

15 블라디미르 마야코프스키, 「세르게이 예세닌에게」, 『광기의 에메랄드』, 석영중 옮김, 고려대학교 출판부, 2003, 88쪽.
16 블라디미르 마야코프스키, 『광기의 에메랄드』, 옮긴이 해설 참조.

래에 대한 깊은 두려움이야말로 그의 예언에 깔린 어두운 그림자였다. 뒤집힌 현실의 배신과 공포에 사로잡힌 그가 다가갈 수 없는 지평선에서 본 것은 무엇이었을까? 평온한 시대의 서정 시인이 될 수 없었던 그는 다시 한 번 세상의 전복을 꿈꾼다. 지상에서 이루어지지 못할 그 꿈속에서만이 그는 자신을 위안할 수 있었던 것이다. 1930년 서른일곱의 나이에 권총 자살로 삶을 마감한, 혁명의 시대 '광기의 에메랄드' 시인은 이렇게 절규했다.

먼 미래의 공산주의 세상에
            내가 오리라
그러나 예세닌의 노래 타령처럼
            그렇게 오지는 않으리라.
나의 시는
      세월의 산맥을 넘고
시인들의 머리통과
           정치가들의 머리통을 지나
끝까지 울리라.

……
나의 시는

힘겹게
　　　　　시간의 암석을 뚫고
묵직하게,
　　　거칠게,
　　　　　생생하게,
　　　　　　　살아남으리라.[17]

　마야코프스키의 시는 힘겹게 먼지를 뒤집어쓴 채 모스크바 뒷골목의 헌책방에 살아남았다. 20세기 말 세상은 그의 예언대로 전복되었으나 아직 혁명의 시인을 받아들일 준비는 되어 있지 않았다. 절망적인 그의 기대는 여전히 병 속에 든 전갈처럼 사람들로부터 외면당하고 있다. 그가 세월의 산맥을 넘어 생생하게 살아남아 드디어는 부활해 돌아올 그 먼 미래는 언제쯤일까?

---

17 블라디미르 마야코프스키, 「목청을 다하여」, 『광기의 에메랄드』, 105–106쪽.

04 라스푸틴과 전원작가들의 시베리아 예찬

　당대 세계 문학계의 큰 봉우리를 이루었던 19세기의 문호 도스토예프스키와 톨스토이가 각각 러시아의 중심이던 페테르부르크와 모스크바의 눈을 통해 또 다른 세계인 시베리아를 영혼의 정화와 부활의 공간으로 인식했다면, 바이칼 호수에 인접한 이르쿠츠크라는 변방 출신의 전원 작가 라스푸틴은 시베리아야말로 20세기 말 이미 한계에 다다른 문명의 구원자라는 자긍심에 가득 차 있다. 그의 시베리아 예찬은 너무나 직접적이고 격정적이며 확신에 찬 것이라서 선배 작가들의 우회적이고 존재론적인 시베리아 인식과는 사뭇 다른 차원의 것이다. '죽음의 집'이나 '부활'처럼 상징적인 표제로서 작품의 내용을 암시했던 도스토예프스키나 톨스토이와는 달리 라스푸틴은 '시베리아, 시베리아…'라는 강렬한 감탄사로 책의 제목을 삼고 있다.

그에 따르면 '시베리아'라는 말은 그에게 세상에 떠도는 그렇고 그런 하나의 단어에 불과한 것이 아니라 '언젠가 다가올 강력한 무엇인가를 알리는 경종' 같은 것이다. 시베리아는 태초에 신이 창조한 것 중에 어디에도 비할 수 없는 고유한 것이지만, 동시에 세상 모든 사람들의 영혼을 사로잡는 그 무엇이기도 하다. 따라서 "단 한 번도 시베리아에 가본 적도 없고 그곳의 생활이나 관심에서 멀리 떨어져 있는 사람들조차도 불가항력적으로 자신의 내면에서 시베리아를 느낀다"는 것이다. 시베리아 출신이면서 평생 시베리아를 자신의 일상생활과 문학의 무대로 삼고 있는 작가 라스푸틴은 그야말로 '시베리아주의자'라고 부를 수 있을 것이다.

시베리아를 그냥 귓전으로만 들어본 외부인에게 그곳은 단지 광활하고 혹독하며 자원이 풍부한 지역이요, 가공할 수치로 기록되는 추위와 엄혹함을 포함하여 모든 것이 거대한 크기로 존재하는 곳일 뿐이다. 그래서 그 시베리아의 자연은 시베리아 토착민을 수수께끼 같은 인류의 한 산물로 보기보다는 자기와 똑같은, 시베리아라는 알 수 없는 자연의 산물로 본다.……시베리아에서 이방인들을 놀라게 하는 것들은 우리에게는 익숙할 뿐만 아니라 필요 불가결하기도 하다. 우리는 겨울에 빗방울이 아닌 추위가 닥쳐야 호흡하기 쉽고, 사람의 손길이 채 닿지 않은 거친 타이가에서 공포가 아닌 안도감을 느낀다. 감히 측정할 수 없는 공간과 장대하고 강렬한 강들이 우리의 자유롭고 꺾이지 않는 영혼을 만들었다.[18]

라스푸틴

거칠고 광대한 벌판과 강에서 솟아난 자유롭고 꺾이지 않는 영혼! 그것은 아득히 인류의 기억 저편으로 사라진 잃어버린 과거이지만, 우리가 회복해야만 할 살아 숨 쉬는 미래이기도 하다. 과학과 합리주의 또는 거룩한 종교와 진보의 이름으로 자연과 분리되어 격자 공간에 갇힌 공장과 병원, 아파트와 학교, 교회와 자동차들 속에서 근대인이 상실한 야성은 단순히 미개와 야만과 불합리의 동의어로 간주될 수 없다. 차라리 그것은 우리 몸속에 새로운 유전자처럼 박혀버린, 첨단 기술과 권위, 물질과 편리, 화려한 외관 앞에 스스럼없이 무릎 꿇는 유약한 노예근성에 대한 근원적 해독제로서 재발견되어야 할 것인지도 모른다. 속세의 권력과 타협해 억압과 타락의 동의어가 되어버린 종파로부터 끝

---

18 Валентин Распутин, *Сибирь, Сибирь…*, p.7.

까지 자신들의 순정한 믿음을 포기하지 않고 시베리아의 오지로 유배당한 채 조건 없는 상호 부조와 자율적 연대의 공동체를 가꾸며 견고히 살았던 '구교도'[19]들이야말로 바로 그 야성의 체현자들이었다.

산에서 불어오는 자유로운 공기, 짐승들의 울부짖음과 크고 작은 강물 소리, 바위로 이루어진 무섭고 거친 황야, 서로 맞대고 선 무시무시한 절벽으로 위협하는 거대한 바위산의 황량함, 기기묘묘한 암석들로 이루어진 산의 정상과 눈 덮인 산봉우리의 단조로움, 숲 지대와 산을 따라 바위 사이로 난 오지와 개척되지 않은 먼 지방들, 야생의 동굴……이 모든 것이 산에서 살았던 구교 신자들의 기질에 영향을 미쳤고, 그 자연 특유의 성정으로 거주자들을 야성화시켰다.[20]

바로 그 야성의 영혼이야말로 전 세계 담수의 5분의 1을 홀로 담고 있는 저 깊고 푸른 호수 바이칼, 그리고 인류의 미래를 숨

---

19 여기서 구교도란 제정러시아 시대 정교회의 신구파 투쟁 과정에서 교회 중심이 아닌 신앙 중심의 개혁을 주장해 전제권력 및 그와 결탁한 당대 교회 권력의 탄압을 받고 시베리아의 오지로 이동하여 공동체 생활을 한 분파를 가리킨다. 석영중, 『러시아정교』, 고려대출판부, 2006 참조.

20 Валентин Распутин, *Сибирь, Сибирь…*, p.146.

쉬게 할 광활한 야생의 침엽수림 지대와 함께 시베리아가 '문명의 구원자'일 수밖에 없는 존재의 이유이다. 시베리아는, 중세의 자연 질서를 깨뜨리고 진보와 해방이라는 깃발을 앞세운 채 자연 착취적 문명의 발전을 통해 극도로 자원을 소모하며 질주해 온 인류가 이제 불과 50년 앞으로 다가온 미래에는 무엇으로 살 것인가를 걱정할 때 저편 인간의 시야에 닿을 듯 말 듯 고고히 남겨진 신의 유산이다. 거기에는 사람이라는 종(種)의 일상과 그 재생산을 위해 필요한 모든 것이 야생의 처녀지와 풍족한 땅속과 자유로운 대기 안에 다 들어 있다.[21]

따라서 시베리아는 근대 역사에서 지배의 편의를 위해 부정당한 자유와, 이성의 이름으로 억제당한 영혼과, 발전의 명목으로 착취당한 자연을 성찰하는 공간으로 표상되어야 할 터이다. 그러할 때 시베리아는 라스푸틴과 그의 이웃들의 절실하지만 소박한 고향 예찬을 넘어 인간 존재의 부분성과 자연의 전체성이라는 심원한 가치를 도저(到底)한 침묵으로 환기하는 존재로 남을 것이다.

남부 시베리아 알타이 출신의 또 다른 시인 키셀레프는 시베리아라는 자연을 존재의 충만으로, 미(美)의 구현체로, 창조자의

---

[21] 김영숙, 「시베리아 문학에 나타난 코스미즘의 전통에 관하여―이고리 키셀레프의 서정시를 중심으로」, 《슬라브학보》, 17권 2호 참조.

합목적적 활동의 결과로 인식하는 코스미즘(우주론)의 세계로까지 끌어올린다.[22] 그것은 한여름 오후 갑자기 마른하늘을 찢어 발기는 듯한 굉음의 천둥·번개와 한 해의 절반 동안 세상 모든 존재에게 동물적 삶만을 허락하며 지칠 줄 모르고 쌓이는 눈, 억겁의 세월을 적막으로 증거하는 깊고 푸른 밤, 광대무변한 야생의 공간에서 살아남아야만 했던 슬라브 민족의 자연관과 러시아 농민의 원초적 정신세계를 반영하는 문학 사상이라 할 것이다.

그러한 자연 환경은 사시사철 인간 존재의 근원적 유한성을 인식하도록 강요하는 것이었다. 하여 키셀레프의 서정적 자아는 인간이 식물 동물과 더불어 세계를 구성하고 조화롭게 공존해야 하는 의무를 지닌 우주의 한 시민에 불과하다고 말한다. 이 시인의 눈에 근대 문명의 성취를 표상하는 도시라는 공간은 '광기 어린 발동기의 회전'에 지친, 상처 입은 영혼들의 불안으로 가득 찬, 거주자들이 헤어날 수 없는 고독과 소외로 고통 받는 공간으로 형상화된다. 그 상처받은 도시의 인간에게 구원의 가능성을 제시하는 것은 가히 신화(神化)에까지 이르는 자연이다. 나무와 새, 눈, 봄바람과 초록빛 평안이야말로 우수에 찬 도시 문명의 고독을 벗어나게 해줄 벗이요 구원자라는 것이다. 곰과 살

---

22 베어드 캘리콧 외, 『자연은 살아 있다』, 윤미연 옮김, 창해, 2004, 13, 32–33쪽.

꽹이, 물새 떼는 무엇을 소유하려 발버둥치지 않으며, 부엉이의 소리 없는 발걸음도 늑대의 질주도 우리의 존재 근거를 해치지 않는다.

인간은 본래 스스로 역사와 산업을 발명하기 이전 자연과 더불어 살아가는 완전한 자연적 존재였으며 본질적으로 자연의 생명체였다. 지금껏 여기저기 동굴의 벽화나 암석화의 형태로 남아 있는 선사 시대의 그림에서는 식물이 보이지 않는다. 흐르는 물도, 바닷가도, 언덕도, 동굴 입구도 그려져 있지 않다. 예술이 자연을 묘사조차 하지 않을 정도로 그 시대의 사람들에게 자연의 존재는 너무도 명백한 것이었다. 또한 그때의 인간은 동물을 타자로 인식하지 않았다. 동물은 너무 흔할 뿐만 아니라 사람과 너무 가까이 있어서 동물과 인간의 변별성이 완전히 사라질 정도였던 것이다. 동물은 인간과 자연을 결합시켰다.

키셀레프의 숲은 황막한 도시의 고독한 방랑자인 인간의 구원자이다. 숲은 허세부리지 않고 넘어진 인간을 다독이며, 길 잃은 영혼을 위로하며, 바람에게 속삭이며, 저녁에 내린 빗방울이 영롱한 새벽이슬이 될 때까지 하염없이 받쳐주고, 경계를 모르는 새의 기꺼운 벗이 된다.

도시에서 군중으로 존재하는 인간은 문득 가슴 저 밑바닥에서 근원을 알 수 없는 서늘한 기운을 느끼며 우수에 젖어 숲을 찾는다. 오솔길은 한 그루 나무에게 절실하게 기도하는 허약한 존재를 포근하게 인도한다. 깊이를 알 수 없는 모성과도 같이 숲은 여름내 가꾼 잎과 열매를 다 나누어주고 그 풍성함으로 다시 밑바닥에 떨어져 오솔길을 따스하게 덮고 짐승들의 겨울을 준비한다. 그리고 그 숲 속에서 나는 숲의 일부가 된다. 다람쥐와 나비와 벌레와 물과 흙이 모두 나와 일체가 되는 순간이다.

> 나는 모르겠네, 혹자는 불행이라고 하는 그것이 다행인지도
> 문 앞에 혹 다가온 재앙을 예감하면서
> 나는 스스로 아주 조그만
> 나뭇가지가, 아기별이, 물방울이 되었음을 느끼네.
>
> 어느 날 이런 일이 벌어졌네.
> 햇볕 아래서, 칠월의 먼지 속에서
> 갑자기 나는 갈증에 전율했네,
> 대지의 갈증을 같이 느끼며.
>
> 나는 어두운 오솔길에서 길을 잃었네.
> 힘없이 우수에 가득 차 빠져 나와서
> 수천 포기의 가녀린 풀들과 함께

나는, 헐떡이며, 비를 기다렸네.

생각했네. 나는 당연히 아파야 할 터인데
길에서 멀리 떨어졌으니.
하지만
나는 숲과 벌판과 강으로 나는 새와 함께 있었네.[23]

　이제 스스로 존재의 근원, 대지의 일부가 된 인간은 작은 나뭇가지와 가녀린 풀의 절실함으로 한여름의 갈증에 몸부림친다. 하지만 그는 우주의 시원을 간직한 아기별과 물방울의 순수를 얻었다. 지금껏 자신을 둘러싼 두려움과 우수에서 비로소 벗어나, 그는 한 마리 자유로운 새가 되어 그를 잉태하고 기꺼이 그의 젖줄이 되어주는 숲과 벌판과 강을 나는 것이다. 하여 그 숲에서는 자연을 긍정하기 위하여 흠 많은 인간을 부정할 필요도 없을 것이다. 자연과 인간이 더 이상 대립하지 않기 때문이다. 자연을 정복하려는 근대 서구인의 야망에서 비롯된 자연과 인간의 이원성, 곧 자연을 '이성적 인간'의 외재적 존재로 간

---

23 이고리 키셀레프, 「나는 모르겠네, 혹자는 불행이라고 하는 그것이 다행인지도」(김영숙, 「시베리아 문학에 나타난 코스미즘의 전통에 관하여-이고리 키셀레프의 서정시를 중심으로」에서 재인용).

주하는 도구론적 인간의 윤리(humanism)를 넘어서면 우리는 대지의 윤리(land ethic)에 당도하게 될 터이다.[24] 그리하여 우리가 얻게 되는 것은 편협한 물질적 이익이 아니라 보다 심원한 연대(solidarity)와 안식을 주는 위로, 그리고 삶과 죽음의 경계를 넘는 자연의 경이로움이다.

> 황혼의 소나무들엔
> 저마다
> 새들이 지저귀며 깃들인다.
> 숲은 수직의 적막 속에서,
> 돌처럼 냉정한 역사에는 무관심한 채,
> 떨어지는 태양의
> 옛 얘기를
> 경이로운 흥분 속에서
> 반복하고 있다.[25]

크라스노야르스크 지방에서 농부의 아들로 태어난 또 다른

---

24 베어드 캘리콧 외, 『자연은 살아 있다』, 14-20쪽.
25 존 버거, 『그리고 사진처럼 덧없는 우리들의 얼굴, 내 가슴』, 김우룡 옮김, 열화당, 2004, 97쪽.

시베리아 작가 아스타피예프는 소박한 시베리아 농촌의 전통에 뿌리내리고 살아가는 시골 사람들의 생활과 풍경, 그리고 그들의 순탄치 않은 운명을 그리고 있다. 유유히 흐르는 시베리아의 젖줄 예니세이 강, 한겨울 완벽한 흑백의 세계에 침잠하는 타이가, 세상의 모든 고요를 머금은 채 바람과 노니는 호수와 늪 등 시베리아의 대자연을 배경으로 한 12편의 『물고기 황제』를 써서 소련 국가상을 수상하기도 한 그는, 소설 『슬픈 탐정』을 통해 당대 소비에트 사회의 도덕적 타락을 고발하기도 했다. 잊혀져가는 소중한 것들에 대한 향수를 모티브로 한 연작 『마지막 인사』(1968~1994) 중 한 편인 「가을의 기쁨, 그리고 슬픔」에서 아스타피예프는 시베리아 농촌 마을의 양배추 김장을 둘러싼 분위기를 따스하게 묘사하고 있다.

길고 완강한 살림꾼 겨울은 눈과 추위로 시골의 삶을 꼼짝없이 얼어붙게 한다. 시골 농가의 지붕 아래, 마당과 창고와 가축 떼 사이에 대개 이 같은 생활이 전개되게 마련이다. 그렇지만 부지런한 집주인이 채소와 딸기류를 갈무리해놓고 양배추 김장을 장만해놓았다면 아무 근심 걱정 없이 겨울을 완전히 자기 것으로 만들 수 있는 것이다. 삼나무 열매를 까먹으면서 그들은 매일 저녁 밤마다 옛날이야기를 나누고, 주로 1월 하순 무렵 주현절(기독교 축일로 공현절이라고도 한다. 그리스도가 하느님의 아들로서 온 세상 사람들 앞에 나타난 날을 기념하는 축일(1월 6일))을 전후한 엄동설한부터 나들이를 다니고 결혼식, 명명일 잔치 등 줄줄이 있는 온갖 축제일에 참여하게 되는 것이다.
……

이 양배추 김장에는 대체 어떤 힘이 들어 있는 것일까? 사람들은 겨우내 감자와 함께 양배추 김장을 꺼내어 그것을 국에다 넣기도 하고 삶기도 하고 볶아먹기도 하면서 김장 통을 차례차례 비워간다. 그러면서 사람들은 건강하게 지내고, 아주 늙어빠질 때까지 치아와 원기를 잃는 법 없이 무덤으로 들어갈 때까지 굉장히 많은 일을 하며, 양배추 김장을 안주 삼아 엄청나게 많은 술을 퍼마시기도 했던 것이다.[26]

---

26 정명자, 『인물로 읽는 러시아 문학』, 한길사, 2001, 357-358쪽에서 재인용.

05 음유시인이 부르는 캄차카의 노래

  잿빛 하늘, 출구가 막힌 세상에 사는 청년은 고통스럽다. 일상은 너무나 평온하고 그의 침대는 부족할 것이 없지만 가녀린 영혼은 안식을 얻지 못한다. 무심한 거리에 부서지는 햇살만큼이나 얼굴은 창백해지고 가슴은 메마른 낙엽처럼 서걱거린다. 어디로 가야 할까?

  툰드라 툰드라 따라
  고개 또 고개 넘어
  걸어야 한다, 우리, 애들아.

  곱슬곱슬 머리 같은
  꼬불꼬불 꼬불 길에

여기저기 끊어진 길.

우릴 앞으로 모는 사냥꾼 열정,
우리 길은 멋지고도 험하다.
그러니 친구여, 신발끈 꽉 조이고서
더 크게 두 눈을 떠라.

흔들리는 배에 서듯
나 언덕 위에 서니
어 기운다, 오른쪽으로, 얘들아!
등짝이 부르터도
50킬로 짊어졌다.
아 아직 먼 항구여.……[27]

비틀린 현실과 이제 막 대면하는 청춘이 감내하기에는 너무 무거운 짐을 지고 그는 발길마다 기우뚱거린다. 그리고 아직도 머나먼 그곳, 어쩌면 자신을 위로해줄 시냇물이 흐르고 갈매기가 날고 있을 그 포구를 향해 다시 신발끈을 조이고 짐짓 사냥

---

[27] 율리 김, 『율리김, 자유를 노래하다』, 최선 옮김, 뿌쉬낀하우스, 2005, 144쪽.

꾼이라도 되는 양 안간힘을 써본다. 끝없이 동토를 걷다보면, 고행자처럼 그렇게 시린 동토에 언 발을 딛고 가다보면, 북태평양의 항구가 그를 기다리고 있을까?

아직 젖먹이 나이에 스탈린의 테러로 아버지를 잃고 어머니마저 모진 유배의 세월을 감당해야 했던 모스크바의 음유시인 율리 김, 그의 아버지 이름은 김철산이었다. 누구도 말해주지 않아 자신의 정체성을 알지 못한 채 대학생이 되어 얌전히 따라갈 수 없는 소비에트 사회의 분위기와 내면에서 화해할 수 없었던 그는 자연스럽게 시를 짓고 기타를 퉁기기 시작했다.

그가 부르기 시작한 노래는, 그러나 정식으로 방송을 타거나 국영 멜로디야사에서 음반으로 낼 수 있는 그런 것이 아니었다. 그의 노래는 발설될 수 없는 시대의 비밀과 은밀히 연루된 것이었다. 그는 선배 바르드(러시아의 음유시인) 비소츠키처럼 고래고래 악을 쓰지 않았다. 그는 익살로 버무린 자신의 일상을 담담하고 나직이 읊었지만 거기에는 당대인이 무언으로 공감하는 생의 진실이 담겨 있었다. 19세기 후반 도회지 로망스에 기원을 둔 러시아 바르드의 전통은 1920년대의 사랑가와 제2차 세계대전 이후 전장에서 돌아온 병사들과 시베리아 유형수들이 가져온 노래의 전통을 이어받아 1960년대에 도시의 젊은이들 사이에서 꽃을 피웠다.

장래 젊은이들의 삶터로 누구도 생각지 않던 극동의 반도 캄차카에 교사로 지원한 율리 김은 거기에서 새로운 활력을 얻었다. 어디론가 떠나야만 했던 그는 해안가 작은 마을에서 마음의 고향을 찾았다. 가족사의 비극과 연관된 이념의 수도, 사회주의 문명의 진열장에서 안락을 누릴 수 없었던 그는 아시아 대륙의 북단 태평양까지 도피하여 잠시 닻을 내린 것이다. 그 사이 깊은 정을 주고받은 캄차카를 떠나 그는 다시 모스크바로 돌아갔지만 그 기억은 꿈에서도 잊을 수 없었다.

  나의 깜챠토츠까
  나의 아나뽀쯔까[28]
  네 구비구비 해안이 내 꿈에 어른거리네
  머나먼 고향
  차가운 바다
  생각나면 가슴 이렇게 떨려오네
  떨려오네, 떨려오네

  모스크바에 와서

---

[28] 깜챠토츠까는 캄차카의 러시아식 애칭이며, 아나뽀쯔까는 캄차카의 작은 마을 아나프카의 애칭.

근사하게 사네
오토버스에, 트롤리버스
카페, 영화, 택시, 지하철
가까운 거리의 이 따뜻한 바다
아, 그래도 내 마음은 이게 아냐
이게 아냐, 이게 아냐

거긴 지금 아마
진흙탕에 빗줄기
그 사람들 비바람 피해서 숨어서 웅크리겠지
멀고도 멀어라
겁나게 힘들지
근데 왜 난 이토록 설렐까?

나의 깜챠또츠까
나의 깜챠또츠까![29]

십 년 만에 페테르부르크로 돌아간 도스토예프스키는 『죽음

---

29 율리 김, 『율리김, 자유를 노래하다』, 163-164쪽.

의 집에 대한 기록』으로 자신의 시베리아 생활을 반추했고, 안톤 체호프는 모스크바로 돌아가서도 석 달간의 사할린 체험을 한마디도 말하지 않았다. 그들이 세상에 남겼던 또는 남길 수 없었던 기억들은 누구와도 나눌 수 없는 극한의 고독이 인생에 남긴 흔적이었다. 하지만 이제 율리 김은 툰드라의 고행 길을 순진한 어린아이처럼 회상하면서 도시의 골목에 퍼뜨리고자 한다. 이미 화려하고 안락한 모든 것을 누리고 사는 사람들에게 그는 봄이 와도 아직 진흙탕에서 씨름하고 있는 캄차카 사람들의 마음, 그들의 마음에 불어오는 시원한 바닷바람에 대해 노래하고 있는 것이다.

06 북방의 시인
또는 시베리아의 기쁨과 슬픔

　　인기 많았던 청년 시인 백석은 시베리아로 가지 않았다. 그럼에도 그는 북방의 시인이다. 유월의 어느 비오는 날, 동무의 결혼식 피로연에서 우연히 만나 반해버린 '란'을 찾아 인연 없던 남녘 항구 통영을 몇 차례나 서성거리었으나 그의 가슴에는 처연한 슬픔만 화인(火印)처럼 박히었다. 평안도 정주 출신으로 오산학교를 나온 백석은 해방 뒤에도 남쪽에 내려와 정착하지 않았다. 그렇다고 하릴없이 고향마을을 배회한 것은 아니었다. 북으로 북으로, 그는 떠났다. 시베리아를 지척에 둔 만주로 그는 떠났다.

　　범과 사슴과 너구리를 배반하고

송어와 메기와 개구리를 속이고 나는 떠났다

　　　나는 그때
　　　자작나무와 익갈나무의 슬퍼하든 것을 기억한다
　　　갈대와 장풍의 붙드든 말도 잊지 않았다[30]

　하지만 그는 자신의 태반(胎盤)을 배반하지 못했다. 종내 이기지 못할 슬픔과 시름에 쫓겨 옛 하늘로 되돌아왔다. 식민지의 고향에서는 누구도 그를 반기지 않았다. 서늘한 슬픔만이 그의 몫이었다. 고독과 나란히 휘파람 호이호이 불며 교외로 풀밭 길의 이슬을 차고 걸어가야만 했다.[31] 그리운 것은, 사랑하는 것은 물과 세월과 같이 어디론가 떠나가고 없었다. 고요히 생각하면 홀로 아닌 것이 하나도 우주에 존재하지 않을 터이지만, 강아지 한 마리도 백석의 곁을 지키지 않았으므로 그의 쓸쓸함은 사무친 것이었다.
　그의 시를 지배하는 정조(情調)는 온통 잊혀져가는 것들, 사라져가는 것들, 아스라이 흔적만 남은 것들, 붙잡고 싶은 것들, 외로운 것들, 오지에 남은 것들, 누구랑 둘이서도 나눌 수 없는 것

30　백석, 「북방에서」, 『백석시전집』, 흰당나귀, 2012, 227쪽.
31　백석, 「고독」, 『백석시전집』, 229쪽.

들, 대낮에는 그늘에 숨었다가 밤에서야 보이는 것들에 대한 깊은 연민이다. 오래디오랜 밤[古夜]의 정조이다. 그것은 가난한 시인의 지독한 슬픔이기도, 불우한 시대의 가혹한 우울이기도 했다. 사랑을 이루지 못한 자가 어디로 가겠는가? 그의 서글픔만큼이나 남루한 식민지 조선의 거처들, 처량한 산짐승들의 울음소리, 그래도 그를 위로해주는 온갖 토속 음식들……이 넘치게 예민한 시인의 감각을 붙잡고 그가 집착했던 것들이다. 그리운 그녀는 어디에도 없었다.

백석

> 바다ㅅ가에 왔드니
> 바다와 같이 당신이 생각만 나는구려
> 바다와 같이 당신을 사랑하고만 싶구려[32]

옛날엔 통제사(統制使)가 있었다는 낡은 항구, 어느 오랜 객주집의 생선가시가 있는 마루방에서 만난[33] 그녀는 명정(明井)골에 산다던데, 푸른 가지 붉게붉게 종백(棕柏)꽃 피는 철엔 타관으로

---

32 백석, 「바다」, 『백석시전집』, 164쪽.
33 백석, 「통영」(첫 번째), 『백석시전집』, 83쪽.

시집을 갈 것만 같은데, 그는 옛 장수 모신 낡은 사당의 돌층계에 주저앉아서 열나흘 달을 업고 손방아만 찧는 '내 사람'을 생각할[34] 뿐이다. 통영장에 또다시 내려갔으나 갓 한 닢 쓰고 술 한 병 마시고 주막 앞에서 품마타령 듣다가 열이레 달이 올라서 하릴없이 나룻배 타고 지나간다.[35]

이제 그의 나이 스물일곱, 여우와 노루와 멧새소리에 귀 기울이던 북녘의 시인은 어느 날 흰 당나귀를 타고 흰 눈이 푹푹 쌓이는 벌판을 끝도 없이 걸어서 산골로 들어가자 결심한다. 세상 같은 건 버리자고 다짐한다. 거기 가면 아니 올 리 없는 나타샤도 그를 사랑하게만 될 것이다.

> 가난한 내가
> 아름다운 나타샤를 생각해서
> 오늘밤은 푹푹 눈이 나린다
>
> 나타샤를 사랑은 하고
> 눈은 푹푹 날리고
> 나는 쓸쓸히 앉어 소주를 마신다

---

34 백석, 「통영」(두 번째), 『백석시전집』, 139쪽.
35 백석, 「통영」(세 번째), 『백석시전집』, 149쪽.

소주를 마시며 생각한다
나타샤와 나는
눈이 푹푹 쌓이는 밤 흰당나귀 타고
산골로 가자 출출이 우는 깊은 산골로 가 마가리에 살자

눈이 푹푹 나리고
나는 나타샤를 생각하고
나타샤가 아니 올 리 없다
......

눈은 푹푹 나리고
아름다운 나타샤는 나를 사랑하고
어데서 흰당나귀도 오늘밤이 좋아서 응앙응앙 울을 것이다[36]

그토록 나타샤를 찾아 북방으로 갔으나, 이 세상에서 가난하고 외롭고 높고 쓸쓸하니 살아가도록 태어났다는, 이 세상을 살아가는 데 너무도 많이 뜨거운 것으로 호젓한 것으로 사랑으로

---

36 백석, 「나와 나타샤와 당나귀」, 『백석시전집』, 176–177쪽.

슬픔으로 가득 찬 것 같은 마음은, 시인을 버리지 못한다. 낡은 거처 좁다란 방의 흰 바람벽에는 어쩐지 쓸쓸한 것만이 오고 간다. 희미한 십오 촉 전등이 지친 불빛을 내어던지고 땟국에 전 다 낡은 무명 셔츠가 어두운 그림자를 쉬고 있다. 그리고 그 흰 바람벽엔, 그의 가난한 늙은 어머니가 있다. 또 그의 사랑하는 사람이 있다. 그 사랑하는 어여쁜 사람이 어느 멀고 조용한 개 포가의 나지막한 집에서 대구국을 끓여놓고 저녁을 먹는다.* 홀로 남은 것은 그뿐이다. 지나온 생의 슬픔을 여읜 소처럼 되새김질하는 어리석은 시인에게 화롯불과 먼 산 바위 옆 갈매나무 잎새만이 뜨거운 눈물을 받아준다.[37]

> 어느 사이에 나는 아내도 없고, 또,
> 아내와 같이 살던 집도 없어지고,
> 그리고 살뜰한 부모며 동생들과도 멀리 떨어져서,
> 그 어느 바람 세인 쓸쓸한 거리 끝에 헤매이었다.
> 바로 날도 저물어서,
> 바람은 더욱 세게 불고, 추위는 점점 더해 오는데,
> 나는 어느 목수(木手)네 집 헌 삿을 깐,

---

37 백석, 「흰 바람벽이 있어」, 『백석시전집』, 244–245쪽.

한 방에 들어서 쥔을 붙이었다.
이리하여 나는 이 습내나는 춥고, 누굿한 방에서,
낮이나 밤이나 나는 나 혼자도 너무 많은 것 같이 생각하며,
딜옹배기에 북덕불이라도 담겨 오면,
이것을 안고 손을 쬐며 재 우에 뜻없이 글자를 쓰기도 하며,
또 문 박에 나가디두 않구 자리에 누어서,
머리에 손깍지벼개를 하고 굴기도 하면서,
나는 내 슬픔이며 어리석음이며를 소처럼 연하여 쌔김질하는 것이었다.
……
나는 이런 저녁에는 화로를 더욱 다가끼며, 무릎을 꿀어 보며,
어니 먼 산 뒷옆에 바우 섶에 따로 외로이 서서,
어두어 오는데 하이야니 눈을 맞을, 그 마른 잎새에는,
쌀랑쌀랑 소리도 나며 눈을 맞을,
그 드물다는 굳고 정한 갈매나무라는 나무를 생각하는 것이었다.[38]

해방 후 백석은 그대로 북녘에 남아 고당 조만식을 도와 일했

---

38 백석, 「남신의주 유동 박시봉방(南新義州 柳洞 朴時逢方)」, 『백석시전집』, 267-268쪽.

오장환

으나 분단 체제가 굳어져가는 정치 상황에서 그럴듯한 성과가 있을 리 없었다. 이후 그는 『뿌슈킨 시집』, 『고요한 돈 I·II』, 『청년 근위대』 등 러시아의 문학작품을 번역해내고 1950년대 이후에는 아무런 정치색을 띠지 않는 아동문학에 전념하기도 했다. 시대를 안고 시대를 넘는 절창(絶唱)을 남긴 서정 시인이었으나 현실에서는 어쩔 수 없이 무력한 삶이었다. 정치의 논리와 예술의 세계는 다른 것이었다.

그즈음 백석의 쓸쓸한 북방과는 사뭇 다르게 시베리아를 노래한 시인이 있었으니, 바로 월북 시인 오장환이다. 백석에게는 북방이 어둠으로 이어지는 그늘의 영역이었으나, 오장환에게 시베리아는 오감이 들뜬 환희의 영역이었다. 백석의 북방이 그늘진 식민지 조국, 시인의 애상을 눈물로 반추하는 곳이었다면, 오장환에게 시베리아는 찬란한 사회주의 조국, 시인의 기쁨을 노동에 대한 찬미로 거듭한 곳이었다.

충청도 보은 출신의 오장환은 해방되고 나서 '조선문학가동맹'에 가담하여 활동하면서 러시아의 서정 시인을 흠모하여 『예세닌 시집』을 번역해내기도 했다. 이념적으로 좌파에 기울었던 그는 1947년 월북했다. 이후 1948~1949년 신병 치료차 소련을 다녀

온 뒤 1950년 북한에서 『붉은 기』를 간행했다.[39] 오장환에게 '붉은 기'는 모스크바의 높은 성탑 위 붉은 별들 사이로 불타는 의지를 표상하는 진홍의 깃발이었다. 그것은 또 찬란히 꽃피어오르는 행복의 동산에 펄럭이는 '정의의 깃발'이었다. 오장환은 뜨거운 가슴 다함없는 사랑으로 모스크바에서 시베리아 끝까지[40] 기꺼이 찬탄을 바칠 준비가 되어 있었다. 그 차가운 한겨울의 시베리아에서도 그는 힘찬 호흡과 봄기운을 느낀다.

오장환은 전후 복구에 한창이던 시베리아의 험난한 역사와 새로운 건설의 맥박, 거침없는 공업화를 묘사하고 있다. 어제는 공장이 서고, 오늘은 극장이 서고, 오랜 세월 추방과 유형의, 눈보라와 불모의, 망각과 심연에 빠져 있던 이 시베리아 한복판에 커다란 도시들이 눈밭 속에서 거인같이 생겨났다. 사나운 이리떼처럼 아우성치며 달려드는 눈보라! 속에서도 아이스크림을 즐기는 '씨비리 사람들'은 휘파람을 불며 벽돌장을 쌓아나갔다.

하지만 시인의 심장은 지나치게 흥분하여 삼동(三冬)에 이루어

---

39 남한에서는 김재용 엮음, 『오장환 전집』(실천문학사, 2002)에 처음으로 실렸다(297-302쪽). 여기에는 시집의 제목으로 삼은 '붉은 기'를 비롯하여 '씨비리 시편', '모스크바 시편', '살류트 시편'이라는 소항목으로 모두 스무 편의 시가 실려 있다. 그 가운데 시베리아 풍경과 그곳 사람들의 노동을 찬양한 것이 아홉 편이다. '씨비리'는 시베리아의 러시아어 표기(Сибирь)를 발음 나는 대로 옮긴 것이다.

40 오장환, 「붉은 기」, 김재용 엮음, 『오장환 전집』, 297-302쪽.

진 노동의 고통을 생각할 겨를이 없다. 그에게 시베리아는 동화 속의 나라이다. 달밤의 3교대 노동자들이 행복에 겨워 보인다. 일개 시인인 자신의 신병을 치료해주는 고마운 나라, 관조자의 마음은 안온하기만 하다.

> 강 언덕도
> 푸른 들도
> 얼음판도
> 눈에 쌓인
> 씨비리의 밤에
> 달이 떴다
> ……
> 은시계의 연한 뚜께가
> 저절로 열려지며
> 곱디고운 음악이 들려오듯이
> 씨비리
> 희디흰 달밤에
> 전구공장 삼교대의
> 사이렌이 울리면

너도나도
스따하노프
자랑과 행복이 넘치는
젊은 남녀는
교교한 밤길로 쏟아져 간다[41]

새 세상의 주인으로 선포된 노동자들만이 아니다. 시베리아의 광활한 밀밭과 목가적 풍경의 주인공인 농민들 또한 노동의 대가를 넉넉히 받고 낙원처럼 살아간다. 그 밀밭에 가을이 오면 청춘남녀의 사랑도 함께 익어가리라.

가도 가도 밀보리 이랑
정오의 태양이
한데 어우러져
이글거리는 들판!
……
문틋문틋
곡식 익는 냄새에

---

41 오장환, 「씨비리 달밤」, 김재용 엮음, 『오장환 전집』, 326-328쪽.

숨막혀하며
넘치는 가슴의 가득한 기쁨을
근로에 바치는
이 나라 농민은 얼마나 행복들 하랴!

즐거운 하루해를 마치고 돌아오는
이곳의 젊은 남녀들
저녁 바람 설렁이는 밀보리 이랑 사이
오솔길에서
주고받을 그들의 사랑
……
첫눈이 창가에 퍼뜩이는
이른 시월엔
여기저기 쌍쌍의 결혼식도 벌어지려니[42]

그것이 실제로는 고단한 삶이라도 무릇 거리를 두고 바라보는 노동의 풍경은 현실이 아니라 하나의 정경(情景)이다. 오장환이 시베리아를 지났던 1940년대 말 소련의 농촌은 상대적으로 안정

---

42 오장환, 「씨비리 태양」, 김재용 엮음, 『오장환 전집』, 332–334쪽.

기에 접어들었을 터, 그의 관찰이 마냥 허구만은 아니었으리라. 하지만 시인은 이십 년 전 그곳을 휩쓸고 간 스탈린식 농업집산화의 광풍에 대해 듣지 못했을 것이다. 얼마나 많은 시베리아의 농민들이 그것에 몸을 던져 저항했는지, 얼마나 많은 가축들이 제 주인의 손으로 도살당했는지 기록한 문서들을 보지 못했을 것이다. 아니 '집산화야말로 농업협동화의 최고 단계'라는 공식적인 역사를 학습했을 것이다. 시베리아는 1920년대 말에서 1930년대 초반까지 소련 역사의 '대전환'이 이루어진 본보기 사례였다. 그리고 '신경제정책' 시기 러시아 농민의 짧았던 황금기도 종말을 고했다.

그럼에도 불구하고 이 월북 시인이 오로지 사회주의 이념에만 맹목으로 매달리고 있지는 않았다. 그에게 시베리아는 어쩔 수 없이 남녘에 두고 온 고향, 어머니에 대한 그리움을 무시로 상기하는 곳이었다. 어찌 그곳이 잊힐리야. 그는 이제 모스크바에서 일 년 반을 넘기고 북으로 돌아가는 길이다. 끝없는 이국의 벌판을 가로지르며 시인은 향수에 젖는다. 하지만 시인은 고향에 이르지 못하고 북녘에서 요절한다.

1
해종일을

급행차가 헤치고 가도
끝 안나는
밀보리 이랑

이 풍경
내 고향과 너무 다르기
내 다시금
향수에 묻히노라

2
메마른 산등성이
붉은 흙산도
높이 일군 돌개밭으로

지금은 유월유두 한창 때
밀보리 우거졌을
나의 고향아!

그곳에
하늘 맑고 모래 흰

> 남쪽 반부는
> 어머니가 계신 곳[43]

해방되고서도 고향 북녘에 그대로 남았던 백석과 일부러 북쪽을 선택했던 오장환이 서로 만났다면 무슨 말을 나누었을까? 1991년 소련이 무너지고 나서 연해주와 시베리아를 찾은 남한의 지식인이나 작가들은 그들보다 '정치적으로' 자유로웠다. 하지만 그 자유로움은 반세기 동안 반도의 남쪽에서 섬처럼 살아온 사람들이 내면화한 이념적인 시야로부터 완전히 벗어난 것이었을까? 다시 이곳을 여행한 많은 이들의 관심을 끈 것은 시베리아 횡단 열차와 바이칼 호수였지만, 또한 우리 역사의 가슴을 저미는 유랑민의 질곡, 곧 '고려인'들의 회한에 관한 것이었다.

러시아 땅 연해주에 서린 한 세기 반에 걸친 동포들의 분노와 한을 겹겹이 노래하는 서사시가 김윤배의 『시베리아의 침묵』[44]이다. 이 장시집을 지배하는 정조는 사선을 넘는 비장함, 한겨울 얼음장처럼 깊은 한숨, 무능한 조선과 냉혹한 소련에 대한 질타와 비탄이다. 오장환이 서슴없이 국제주의 깃발을 찬양했다면, 김윤배는 추호도 의심 없이 민족주의를 신봉한다. 시인에게 시

---

43 오장환, 「연가(連歌)」, 김재용 엮음, 『오장환 전집』, 335–336쪽.
44 김윤배, 『시베리아의 침묵』, 문학과지성사, 2013.

베리아는 안개 속에 숨은 막연한 희망, 그것보다 천 배는 더한 두려움의 땅이었다. 그 두려움은 조선의 사내들이 식솔을 거느리고 야반에 두만강을 건널 때부터 비롯했다. 그러나 시인이 정면으로 겨누는 것은 결국 1937년 고국 가까운 연해주와는 천양지차인 중앙아시아 땅으로 17만여 명의 한인을 거칠게 내몰았던 스탈린 정권의 한인 강제이주라는 저주의 가을이다. 그 역사의 저주 또는 시인의 저주는 발생론적이기도 하고 목적론적이기도 하다. 1991년 소련의 붕괴와 중앙아시아에서 연해주로 또다시 이어진 고려인들의 귀환은 마치 에굽 유대인의 유랑처럼 어쩌면 예비된 운명으로 보인다. 시인에게 시베리아는 '두려운 9월'이었고, 그해 '9월은 붉은 안개'였다. 자작나무 숲은 적막했고, 숲은 강철 침묵을 대지 위에 펼쳤다.[45]

사내들의 시베리아는
광활해서 두려웠다
……………………
사내들의 시베리아는
마침내 희망이어서 두려웠다

---

45 김윤배, 「아무르만의 안개」, 『시베리아의 침묵』, 13쪽.

……………………
사내들의 시베리아는
시베리아여서 축복이었다
시베리아여서 저주였다[46]

그리고 드디어 그날이 다가오고 있었다. 한여름 쨍쨍한 태양 속에서 불길한 냄새가 산골짝 야음처럼 퍼지고 있었다. 대낮이 밝을수록 어둠은 깊으리라. 키 큰 해바라기가 하늘로 오를수록 백야의 두려움은 짙을 것이었다.

1937년 8월은 시베리아의 여름이었다
쨍쨍한 여름 해가 느리게 대지를 건너고 있었다
대지는 자작나무 숲으로 덮여 늘어지게 하품을 하고
해바라기를 태양 가까이 밀어 올리고
밀밭 사이로 시원한 바람을 부르고 있었다
안치혜나 우수리스크나 하바롭스크도
여름 해는 야회복처럼 길었다
……

---

46 김윤배, 「아무르만의 안개」, 『시베리아의 침묵』, 12-13쪽.

놀라 깬 벼 포기들은 벼 이삭을 키우느라
백야를 잠들지 못하고 건넜다
새벽은 벼 포기들의 수런거림으로 밝았다[47]

보랏빛 대지에 꿈결처럼 서 있는 자작나무 숲은 침묵한다
열차는 자작나무 숲의 침묵을
가로질러 계속 질주한다
침묵이 파도처럼 밀려났다 밀려온다
침묵은 침묵으로 엉겨 더욱 깊은 침묵이 된다
시베리아의 9월은 침묵하는 대지다[48]

 블라디보스토크에서, 라즈돌리노예의 어둠 속에서 두려움에 떨던 사람들은 그해 곡식을 얻지 못하고 떠났다. 식민지가 된 조선 출신 백성은 이제 소련과 국경을 맞댄 일본 제국주의의 신민으로, 불온한 변방인으로 여겨졌다. 묵묵히 대지에 씨를 뿌리고 황무지를 개척하던 장삼이사들은 물론 사회주의의 이름으로 10월 혁명의 승리를 위해 싸웠던 한인들조차 국제정치의 제물, 스탈린 체제의 희생양이 되었다. 차가운 가을바람, 눈발이 흩날리

---

47 김윤배, 「라즈돌리노예 역의 어둠」, 『시베리아의 침묵』, 64쪽.
48 김윤배, 「바이칼 호수의 젖은 눈빛」, 『시베리아의 침묵』, 115-116쪽.

는 계절이 엄습했다. 굶주림과 추위를 견디지 못하고 숨을 거둔 아이와 노인들은 시베리아의 역을 하나둘 지날 때마다 창밖으로 던져졌다. 그리고 그 위로 무심한 눈발이 흩날렸다.

> 어둠, 그 두렵고 두터운 사색의 창이 시신을 받아 대지에 넘겨주었다
> 대지와 어둠은 강제이주 한인들의 가난한 영혼을 묵묵히 기다리고 있었다
> 대지는 시신 위에 피어날 야생화를 예비하고 있었다
> 어린 주검 위에는 애기똥풀꽃이,
> 늙은 주검 위에는 나팔꽃이 피어날 것이다
> 여름꽃 위에 시베리아의 백야가 늦은 별들을 보내
> 꽃잎 떠나지 않은 영혼을 위해 어떤 노래를 불러줄 것인지[49]

작년 가을 시들었던 야생화가 올 여름에도 어김없이 시베리아 들판을 가득 메울 것이다. 그 꽃잎 속 차마 떠나지 못한 뭇 영혼의 낮은 속삭임이 어쩌면 무심한 여행자들의 발길에 머물지도 모른다. 그 울림이 훗날 또 다른 어둠의 서곡이 되지 않으려면 필

---

[49] 김윤배, 「노보시비르스크의 겨울비」, 『시베리아의 침묵』, 166쪽.

경 국경을 넘어야 하리라. 창공을 나는 새가 만리장성을 아랑곳하지 않듯이, 여린 꽃잎의 향기가 자유로이 다리를 건너고 철조망 가시 사이를 넘고 사막을 가로지르고 바다를 건너야 하리라.

07 회한과 사랑, 그 쓸쓸한 불에 관하여
춘원과 박범신의 바이칼

믿는 벗 N형!

　나는 바이칼 호의 가을 물결을 바라보며 이 글을 쓰오. 나의 고국 조선은 아직도 처서 더위로 땀을 흘리리라고 생각하지마는 고국서 칠천 리 이 바이칼 호 서편 언덕에는 벌써 가을이 온 지 오래요. 이 지방에 유일한 과일인 '야그드'[50]의 핏빛조차 벌써 서리를 맞아 검붉은 빛을 띠게 되었소. 호숫가의 나불나불한 풀들은 벌써 누렇게 생명을 잃었고 그 속에 울던 벌레 웃던 가을꽃까지도 인제는 다 죽어버려서, 보이고 들리는 것이 오직 성내어 날뛰는 바이칼 호의 광막한 메마른 풀판뿐이오. 아니 어떻게나 쓸쓸한 광경인고.

---

50 딸기류의 작은 열매를 뜻하는 러시아말

남북 만 리를 날아다닌다는 기러기도 아니 오는 시베리아가 아니오?……이러한 곳에 나는 지금 잠시 생명을 붙이고 있소. 연일 풍랑이 높은 바이칼 호를 바라보면서 고국에 남긴 오직 하나인 벗인 형에게 나의 마지막 편지를 쓰고 있소. 지금은 밤중. 부랴트족인 주인 노파는 벌써 잠이 들고 석유 등잔의 불이 가끔 창틈으로 들어오는 바람결에 흔들리고 있소. 우르르 탕 하고 달빛을 실은 바이칼의 물결이 바로 이 어촌의 바위를 때리고 있소. 어떻게나 처참한 광경이오?[51]

　　인제 바이칼의 석양이 비치었소. 눈을 인 나지막한 산들이 지는 햇빛에 자줏빛을 발하고 있소. 극히 깨끗하고 싸늘한 광경이오. 아디유!
　　이 편지를 우편에 부치고는 나는 최후의 방황의 길을 떠나오. 찾을 수도 없고 편지를 받을 수도 없는 곳으로, 부디 평안히 계시오.……내 가족과 정임의 일 맡기오. 아디유![52]

　'나'는 일 년 전 초가을 바람이 쌀쌀할 즈음 '지위 있고 명망 있고 양심 날카로운 중년 남자' 최석이 바이칼 호반에 있는 어떤

---

51 이광수, 『유정』, 일신서적출판사, 1995, 11-12쪽.
52 이광수, 『유정』, 115쪽.

동네에서 경성으로 부친 마지막 편지를 받는다. 그 후로 세상에 절망한 그가 바이칼 호수에 그예 몸을 던져버렸는지 또는 시베리아의 어느 으슥한 곳에 숨어 남은 생을 영위하는지 알 길이 없다. 또 오매불망 그리던 님, 최석의 뒤를 따라가겠노

춘원 이광수

라 한 달 뒤 북으로 한정 없이 가버린 '마음 깨끗하고 몸 아름다운 젊은 여자' 남정임의 소식을 얻으려고 하르빈(하얼빈), 치타, 이르쿠츠크, 모스크바까지 사방에 편지를 내 알아보았지만 모두들 모른다는 회답을 건네올 뿐이다.

 정황으로 보건대, 필경 그 둘은 이제 이 세상에 없는 사람으로 간주할 수밖에 없지만 '친구의 정에 남과 자별하게 친함을 가졌던 나'로서는 그들이 어디든지 살아 있기를 바랄 뿐이다. 그리하여 '나'는 바이칼 호숫가에 어른거리는 그 슬픈 사랑의 그림자라도 찾을 요량으로 결국 시베리아로 떠나려고 결심한다. 다른 사람들은 다 못 찾아도 그들을 남달리 알아주고 사랑했던 나만은 반드시 그들의 허망한 자취라도 찾아낼 것만 같아서다. 만일 인적 없는 벌판이나 호숫가 어딘가에 그들의 무덤이 있다고 하면 비록 망자의 이름패가 없어도 나는 곧장 그들을 알아볼 것이요,

그들의 영혼이 호수의 심연에 깊이깊이 가라앉아 있더라도 내가 목메어 부르면 당장 나타날 것처럼 여겨지는 탓이다.

하지만 그들의 흔적을 찾아 머나먼 길을 떠나기 전에 꼭 해야 할 일이 한 가지 있으니, 그것은 세상이 그 두 남녀에게 가한 갖은 험구와 모욕이 진실이 아니라는 것을 밝혀주는 글을 써놓는 일이다. 아무리 완고한 사람이라도 양심의 뿌리가 바늘 끝만치만 붙어 있는 사람이라면 두 사람의 진실한 사정을 알고 나서는 다시 시비를 하지 못하리라고, 반드시 동정의 눈물을 흘리고야 말리라고 생각하기 때문이다. 무정하고 반복 무상한 세상이 그들에게 퍼부은 중상(中傷)이 너무 심해 몇 마디 변명의 말로는 도무지 명예가 회복되지 않을 것이기 때문이다. 두 남녀는 '위선자요, 죽일 놈이요, 음탕한 계집'이라고, 인륜 도덕상 추호도 용서할 점이 없는 죄인이라고 세상은 판정하고 있는 것이다.

『유정』은, 이처럼 자신들을 둘러싼 추한 평판으로 식민지 조선을 버리고 지향 없이 길을 떠난 한 (전문학교 교수였다가 여학교 교장이 된) 인텔리와 그를 사모하게 된 친구의 딸 정임의 순애보를 변호한 소설이다. 주인공인 최석과 정임이, 그들의 흔적을 좇아 역시 시베리아로 떠나게 되는 소설의 화자 Y에게 보내는 편지를 공개하는 형식을 빌려 세간에서 조롱받는 사랑의 비극을 동정적으로 그리고 있다. 자신의 집에서 딸같이 키운 정임을 향한 '정

(情)의 불길, 정의 광풍, 정의 물결'을 '차디찬 이지의 입김'으로 불어서 꺼보려는 최석의 안간힘, 자신을 이해해주는 이 아무도 없는 지친 현실로부터 도피할 수밖에 없었던 그의 '희미한 소원'은 "눈 덮인 시베리아의 인적 없는 삼림 지대로 한정 없이 헤매다가 기운 진하는 곳에서 이 목숨을 마치고 싶소"로 표현된다. 하지만 시베리아의 숲 속을 혼자 헤매며 타오르는 애욕, 실현될 수 없는 정념을 죽이려고 기를 쓰는 그는 스스로를 못난 사람이라고 자책하며 일기에 이렇게 쓴다.

> 정임의 곁으로 가고 싶다. 시베리아의 광야의 유혹도 아무 힘이 없다. 어젯밤은 삼림의 좋은 달을 보았으나—그 달을 아름답게 보려 하였으나 아무리 하여도 아름답게 보이지를 아니 하였다. 하늘이나 달이나 삼림이나 모두 무의미한 존재다. 이처럼 무의미한 존재를 나는 경험한 일이 없다. 그것은 다만 기쁨을 자아내지 아니할뿐더러 슬픔도 자아내지 못하였다. 그것은 잿더미였다. 아무도 듣는 이 없는 데서 내 진정을 말하라면 그것은 이 천지에 내게 의미 있는 것은 정임이 밖에 없다는 것이다.[53]

---

53 이광수, 『유정』, 143–144쪽.

마음속 불꽃으로 타오르는 사랑의 존재가 곁에 있지 않다면, 언젠가 그것이 세상에서 이루어지리라는 한 줄기 가망조차 없다면, 우주 만물이 다 무슨 소용이겠는가.

최석은 몸부림친다. 그는 어쩌면 그의 소원대로 바이칼 호숫가 움집에서 자신의 가슴에 엎어져 서러이 우는 정임을 곁에 두고 폐렴 끝에 온 심장마비로 숨을 거둔다. 그 뒤 바이칼 촌에 숨어 소식이 끊긴 정임이가 혹여 죽었다는 기별이 오면 '나'는 한 번 더 시베리아에 가서 둘을 가지런히 묻고 '두 별 무덤'이라는 비(碑)를 세워줄 생각이다. 나는 마지막으로 정임이가 조선으로 오기를 바란다는, 스스로도 확신하지 못하는 한줄기 소망을 피력하는 것으로 소설의 말미를 장식한다. 하지만 그토록 사모하던 임이 영영 떠나고 더 이상 세상은 모두 무의미한 존재일 뿐인데, 과연 무얼 위해, 누굴 위해 정임이 경성으로 돌아오겠는가?

가슴속 깊은 곳에서 간절히 타올랐으나 끝내는 가뭇없이 사위어들고 만 순정의 불꽃을 그린 춘원의 『유정』에서 시베리아와 바이칼은 현실의 피안(彼岸)이다. 차안(此岸)에서 상처와 고독이 깊을수록 강 건너 저편을 바라보는 주인공의 심정은 그만큼 절실해진다. 그리하여 세상을 다 버리듯 떠나가 다시는 돌아오지 않으리라 수천 번을 다짐하고 또 맹세하지만, 불현듯 밀려오는 후회와 회한의 감정을 어쩌지는 못한다. 결국 다시 한 장의 서찰이라도 벗에게 띄워 세상이 자신을 알아주기를, 인정해주기를, 갈망하게 되는 것이다.

『유정』은 1933년 《조선일보》에 연재되었던 것이니, 계몽 문학의 대표작이라 불린 그의 작품 『흙』이 《동아일보》에 연재된 지 1년 뒤요, 춘원이 훗날 친일문학단체인 '조선문인협회' 회장이 되고 가야마 미쓰로(香山光郞)로 창씨개명을 하기 6~7년 전에 쓴 것이다. 1930년대식 도회지의 교육받은 남녀 사이에 벌어진 신식 사랑을 신파조로 그린 이 소설은 '순전히 정으로만 된[有情] 이야기', 즉 '사랑과 미움과 질투와 원망과 절망과 회한과 흥분과 침울 등 인정만으로 된 이야기'를 써보고 싶다는 작가의 의도를 그대로 반영하고 있다. 따라서 이 소설에서는 그 전에 춘원이 보여주었던 온건한 민족의식이나 뒷날 두드러지게 나타난 친일의식의 혐의를 발견하기 어렵다. 아라사, 시베리아, 이르쿠츠크, 바이칼 등 1950년대 초반 한국전쟁과 함께 남한 사람들과는 두절되어버린 저 러시아 북방의 풍광과 정서를 또 하나의 이국적 자양분으로 삼고 있던 한국 문학의 아스라한 풍경을 보여주고 있을 뿐이다.

사람들이 예로부터 바다라고 일렀던 저 시베리아의 호수에 대한 춘원의 낭만적 감정은 해방 후 이산의 운명을 피할 수 없었던 한국 문학사에서 끊길 듯 끊길 듯 이어져왔다. 시베리아 횡단 열차에 지친 몸을 싣고 바람처럼 구름처럼 고독하고 자유롭게 북방을 질주하는 꿈을 몰래 품어온 휴전선 이남의 작가들에게 바이칼은 회귀를 갈망하는 연어의 강물처럼, 정처 없이 가출한 탕아가 언젠가는 돌아가서 안겨야 할 아비의 품처럼 그렇게 상상되어왔다.

「바이칼 그 높고 깊은」에서 박범신은 『유정』의 주인공 최석처럼 고독하게 서울을 떠난다. 아니 그는 소설가이므로 최석의 친구이자 화자로서 Y처럼 그 허망한 고독의 흔적을 좇아갔는지도 모른다. 한 철 정도는 머무르랴 여겼던 호수 안 알혼 섬에서 서울이 난리통이라는 느닷없는 전화를 받고 경황없이 집으로 돌아온 작가는 '바람 속 스무 살'의 딸, 그녀가 돌아와 지쳐 잠든 새벽에 '쓸쓸한, 그러나 달려가는 불(火)의 냄새'를 맡는다.

그는 20년의 고단하면서도 화려했던 작가 생활에 소진되어 세상에 절필 선언을 하고 바이칼로 떠났던 참이었다. 「바이칼 그 높고 깊은」에서 화자인 '내'가 춘원의 『유정』을 여러 번 떠올리고 있거니와, 구체적인 계기는 서로 다르되 이미 짙은 회의에 젖은 이 도시를 벗어나 저 시베리아로 떠나야만 했던 소설 속 주인공의 처지에서 동병상련을 느꼈을 것이다.

물 아래 옥돌 같은, 하나야.

아빠는 지금 바이칼로 간다.

아주 오래전부터 그리웠던 그 바이칼에, 이제 글쓰기조차 완전중단하고 이 년여, 아직 내 가슴의 뜰은 황야지만, 그래도 싸르락싸르락, 잃어버린 청산의 새살이 돋아나올 애틋한 예감의 비늘 속 깊이 품고서, 시린 물로 이마 씻으러, 그래, 시베리아 대삼림 가운데 물 맑은 영혼의 심지로 박혀 있는 바이칼, 그를 만나러 홀로 간다.

⋯⋯

그는 알까. 세계에서 가장 높고 가장 낮은 바이칼이, 아직껏 다 용서하지 못한, 그래서 필연코 용서해야 할 내 인생을 손짓해 부르고 있다는 것을. 내가 용서하지 않는다면 나의 인생은 언제까지나 치마 뒤집어쓴 심청이처럼 불쌍할 것이다. 곧 이르쿠츠크에 도착할 모양이다.⋯⋯오, 저 아래, 바이칼이 보인다.[54]

당대의 권력과 매스컴이 합작하여 무자비하게 돌팔매질을 하는 운동권에 편입되어 지친 몸으로 새벽에 귀가하기 일쑤인 딸의 잠든 모습에서 '모두가 더불어 바르게 사는 길에 대한 관심이 유

---

54 박범신, 「바이칼 그 높고 깊은」, 『흰 소가 끄는 수레』, 창작과비평사, 1997, 171쪽.

난히 많았던 애', 그러나 이제는 '혁명을 꿈꾸는 어린 전사'가 된 딸의 잠든 모습을 보며 작가는 어떻게 해도 분리할 수 없는 자신의 일부가 '화염병의 끓는 불 속에 있게 될 거라는 예감' 때문에만 전율한 것은 아니었다. 그 딸이 지금 '오직 한 사람을 통해 세계와 우주를 축약해보는 고유명사'인 사랑에 빠져 고통스런 혼란을 겪고 있어서 세상의 억압자들을 향한 적개심의 창날 높이 들어 저 어둠 속 산화(散花)를 통해 불멸을 꿈꾼다면 어찌할 것인가 전율했던 것만은 아니었다.

그는 댓잎처럼 푸른 바이칼의 아침에 고독을 보았다.

하나야.
고독한 건 가장 높은 것이고 깨끗한 건 가장 낮은 것이다. 보아라. 고독한 별은 저리도 높고 깨끗한 물은 바이칼 심해, 저리도 낮지 않으냐. 사멸의 예감이 다가오면 별들까지 이윽고 초신성으로 타오르며 절대 광도가 젊은 별들의 수만 배에 이르는 것조차, 바이칼보다 높고 바이칼보다 낮으면, 모두 허깨비 관념. 이제 아빠는 불멸을 감히 탐하진 않거니와, 그래도 네가 불타는 아비(阿鼻)의 거리에서 꿈꾸듯이, 나 또한 세상 속으로 돌아가 보다 높고 보다 낮은, 보다 고독하고 보다 깨끗한 나의 사랑을 꿈꾼다. 꿈에서일망정 바이칼 물밑 1620미터,

그 단단하고도 부드러운 고요 속에 아미 내려 깔고 농염하게
누워 있는 내 신부를 보고 싶구나.[55]

최석과 정임은 끝내 돌아오지 못했지만, 애잔한 딸의 모습에서 자신의 고독을 보았던 작가는 다시 세상 속으로 돌아왔다. 그가 염원한 것은 애초부터 피안의 불멸은 아니었다. 어쩌면 고독은 불멸에 이르는 하나밖에 없는 외로운 길인지도 모르지만, 사랑을 꿈꾸는 자는 아직 생의 충만을 갈망하는 것이다. 그것이 결국 채워질 수 없는 허기임에도, 어찌하랴.

---

55 박범신, 「바이칼 그 높고 깊은」, 195쪽.

08 '시베리아의 이발사'와 한 러시아 여인의 운명

　열차 칸에서 우연히 만나 한때 불꽃처럼 타올랐으나 결국 헤어져야만 했던 옛사랑의 그림자를 좇아 무정한 세월을 뒤로 하고 낯선 시베리아에 당도한 제인의 가슴은 주체할 길 없이 쿵쿵 뛰고 있었다. 가쁜 숨을 내쉬며 마차를 몰아 소박한 산촌의 목조 가옥 문패를 조심스레 살피던 그녀는 '안드레이 톨스토이, 이발사'라는 글자를 발견하고는 그만 환희와 두려움에 온몸을 떨었다. 그러고는 한 발짝 두 발짝 인기척이 느껴지지 않는 마당으로, 헛간으로 걸음을 옮겼다. 과연 그가 이 집에 살고 있단 말인가! 내 젊은 생의 한때 끝내 속일 수는 없었던 순혈을 나누었던 그, 안드레이가 바로 여기에서 '시베리아의 이발사'로 살아가고 있단 말인가?
　그는 어떤 표정으로 나를 마주할까? 바다 건너 저 머나먼 땅에서 지난 세월 내가 그를 마음속 깊은 곳에 품고 한시도 잊을 수 없었던 것처럼, 그도 나를 가슴에 안고 살아왔을까? 아니, 유형수들과 그 가족·친구들로 입추의 여지가 없었으나 정작 내 가슴엔 적막하기만 했던 그 페테르부르크 역 안개 속으로 사라질 때 그는 이미 나를 영원히 떠나버린 것은 아니었을까? 그는 나를 기억하기나 할까? 황실사관학교의 촉망받는 생도에서 하루아침에 시베리아 유형수로 전락하게 된 그 가혹한 운명의 소용돌이로 그를 밀어넣은 장본인이 바로 내가 아니었던가! 내가 무슨 낯으로 그를 대면한단 말인가? 나에 대한 그의 사무친 원망을 잊었던 말인가?

마당에서 안쪽으로 젖혀 열려진 헛간의 출입문 뒤에 몸을 숨긴 채 품에 안은 젖먹이의 입을 틀어막고 숨죽이며 진땀을 흘리는 여인이 있었다. 발치에는 다른 아이가 엄마의 치맛자락을 붙잡고 영문을 알 수 없는 두려움에 떨고 있었다. 그녀의 또 다른 한 손에는 투박하나 예리한 낫이 들려 있었다. 그녀는 이제 두 번째 닥쳐온 운명의 전장에 나선 비장한 장수였다. 품에 안긴 두 아이와 이미 축축하게 젖은 손 안의 낫 한 자루가 그녀에게 주어진 무기의 전부였다.

그를 쫓아 화려한 제국의 수도로부터 이 머나먼 시베리아 땅으로 오게 된 것은 내 생의 거부할 수 없는 숙명이었다. 나는 그의 하녀이자 아내이며 심연 같은 그의 고독을 말없이 위무하는 유일한 벗이며 천성이 그를 닮은 두 아이의 엄마다. 나는 이제 더 이상 물러설 곳이 없다. 여기는 시베리아이며 호화 여객선을 타고 대서양을 건너온 귀부인의 땅이 아니다. 두 번 다시 그녀가 우리 안드레이를 차지하도록 허락할 수 없다. 지난 세월 오직 모든 고통과 모욕을 감수하고서 얻게 된, 가난하지만 평온한 우리 일상을 갑자기 나타난 사악한 그녀가 무참히 파괴하도록 가만 두고 보지 않겠다. 나, 두냐샤는 러시아 여인이며 시베리아의 여인이다!

두 여인은 헛간의 낡은 나무 문짝을 사이에 두고 최후의 일전을 치르고 있었다. 향수에 젖은 미국 여자 제인은 순정으로 사랑을 지켜온 러시아 여자의 영역을 이제 막 두 번째로 침범하려 하고 있었다. 두냐샤에게는 이제는 잊고 살아가는, 아니면 그저 애써 덮고 살아가는 저 페테르부르크 시절 어느 날 갑자기 꾸게 되었던 악몽의 재현이었다. 백주에 시베리아의 숲 속에는 칠흑 같은 적막이 흘렀다. 순간 헛간에 쌓여 있던 사과 한 알이 또르륵 구르다 문간 아래서 탁 멈췄다. 제인은 모든 것을 깨달았다. 그녀의 머리에 찰나의 섬광이 스쳤고 가슴속에 뜨거운 모래 바람이 일었다. 조금 전 방 안에서 보았던 사진이 또렷이 각인되었다. 거기 내 젊은 생의 한때 정념을 불태웠던 수려한 외모의 사관학교생이 있었다. 그리고 덧없는 세월의 흐름 속에 마모된 시베리아의 이발사와 어떤 욕망과도 거리가 먼 자연 속에서 소박하게 살아가는 한 가족이 있었다.

돌아선 제인은 있는 힘을 다해 마차를 몰았다. 그녀는 마치 운명에 순응하는 것이 그것에 저항하는 것보다 더 고통스럽다는 듯이 자신의 가슴에 채찍을 내리쳤다. 그리고 그 여인의 출현을 직감한 안드레이가 수풀처럼 우거진 수염을 사자의 갈기처럼 휘날리며 시베리아의 언덕을 뛰어가고 있었다. 조막만한 산새들이 놀라 날았다. 시베리아의 하늘은 무심히 청명했고 구름은 한가하게 흘렀다.

제인과 안드레이의 운명은 흡사 안나와 브론스키를 닮았다. 독일 작가 토머스 만이 "세계 문학에서 가장 위대한 사회 소설"[56]이라고 극찬했던 『안나 카레니나』에서 톨스토이가 전형화한 두 인물은 타락한 도시 문명이 키워내는 육체적 탐닉을 상징한다. 그것은 벼랑으로 달리는 열차다.

페테르부르크의 고관대작 부인 안나는 정숙한 여자였으나 정열 없는 일상의 정절에 지칠 무렵 모스크바 여행길에서 멋진 귀족 장교 브론스키를 만나 격렬한 사랑을 느낀다. 그 만남은 순식

---

[56] 토머스 만, 「문학의 임무」, 톨스토이, 『안나 카레니나』 하, 이철 옮김, 범우사, 2000, 509쪽.

간에 그녀의 모든 것을 바꿔놓았다. 형체를 알 수 없는 강렬한 빛에 쏘인 그녀에게 예전의 세계는 이제 사멸된 혹성의 풍경처럼 황량하고 건조해 보였다.[57] 일약 사교계의 여왕으로 군림하게 된 그녀, 자신의 모든 인격과 신뢰를 젊은 연인에게 바친 그녀의 순진한 연정은, 그러나 남편과 사회로부터 차갑게 부정 당한다. 부정한 여인으로 돌팔매질당하는 처지로 전락한 안나의 마지막 선택은 오월의 어느 일요일 저녁 화물 열차에 몸을 던지는 것이었다.

그에 비해 안드레이와 두냐샤의 인연은 레빈과 키치의 그것을 상기시킨다. 레빈은 브론스키가 안나를 만난 이후 그로부터 버림받은 순수한 키치를 사랑하게 되고 청혼을 하고, 그들은 드넓은 전원에서 합법적이고도 목가적인 결혼 생활을 영위하게 된다. 안나와 브론스키의 사랑이 지속될 수 없는 허황한 도시의 허위와 육욕에 오염된 것이라면, 키치와 레빈의 삶이야말로 톨스토이가 이상적으로 그리는 농촌 생활의 진실과 선(善)을 표상하는 것이다.

스스로의 땀으로 세상의 이웃들과 나눌 수 있는 과실을 만들어내는 노동, 그러한 노동을 신뢰한 작가의 사상이 분명한 대조

---

[57] 블라디미르 나브코프, 「톨스토이의 생애와 그의 작품세계」, 톨스토이, 『안나 카레니나』 하, 525쪽.

를 이루면서 표현되고 있는 것이다. 행복한 생애를 구가하던 레빈의 내면이 한때 인생과 세계의 깊은 의미라는 물음에 봉착해 황폐화의 위기를 겪고서도 끝내는 시골 민중의 예지를 통해 구원을 얻는다는 설정은 '문명'이 구원하지 못하는 인간의 영혼, 그 고독하고도 지난한 작업의 여정을 자연 속의 삶, 성실한 노동에서 찾으려 한 문호의 고투를 반영하는 듯하다.

그럼에도 불구하고 안나와 제인의 불같은 정념을 우리는 한낱 순간의 유희, 타기해야 할 것으로 치부해버릴 수 있을까? 육체와 영혼, 외양과 내면, 허위와 진실은 한 개인의 삶의 궤적을 통해서 보든 단 하루의 일상에서 드러나든 매번 선명한 경계선을 수반하는 것이 아닐진대, 언제나 둘 중 하나를 마땅히 추구해야 할 것으로 판단하는 것은 위험하지 않겠는가? 또한 그것은 하룻밤에도 수없이 동요를 반복하는 인간의 마음속, 그 미묘하고도 내밀한 움직임을 애써 외면하는 것이 아니겠는가? 화려한 도시의 여인 안나는 생의 마지막 순간을 철길에 던졌고, 강산이 한 번 바뀐 후 시베리아에 도착한 제인은 꿈에도 그리던 옛사랑의 그림자를 남겨둔 채 처절하게 발길을 돌렸다. 그렇게 어느 날 세상에서 사라지는 모든 존재는, 오늘 당신과 나에게 잊힌 모든 것은 연민의 대상이 되리니.

〈시베리아의 이발사〉

　현대 러시아 영화를 대표하는 감독 중 한 사람인 니키타 미할코프의 작품으로 제52회 칸 영화제 개막작으로 선정되었다. 러시아어 원제가 〈시베리아의 이발사〉이며, 한국에서는 〈러브 오브 시베리아〉라는 제목으로 상영되었다. 남주인공은 러시아 배우인 알렉 멘쉬코프, 여주인공은 미국 배우 줄리아 오몬드가 맡았다.

　이 영화는 19세기 말에서 20세기 초 제정러시아의 수도인 페테르부르크와 광활하고도 화려한 시베리아의 숲을 배경으로 펼쳐지는 160분간의 장대한 파노라마다. 우연히 열차 칸에서 만난 남녀의 이루질 수 없는 로망, 탐욕에 눈이 멀어 러시아의 정신을 상징하는 시베리아를 벌목하려는 미국인 사업가의 음모, 유형수가 된 주인공에게 보여주는 친구들의 진한 우정, 러시아 장군의 어처구니없는 행태, 그리고 한 남자를 둘러싼 두 여인의 필생의 대결 등 흥미진진한 내용들이 빠른 속도로 전개되는 로맨스 영화이자 동시에 정치 영화이기도 하다.

4부

시베리아, 사상의 거처

01 진실의 공동체 또는 아나키즘의 온상

전제정의 음울한 잿빛 감옥과 궁벽한 군대에서 자신의 30대를 온전히 보내야만 했던 도스토예프스키가 떠난 지 3년 후인 1862년 가을, 혈기 왕성한 열아홉 살 청년 장교 크로포트킨이 동시베리아의 주도 이르쿠츠크에 당도했다. 그는 이제 막 상트페테르부르크 황실근위학교를 수석으로 졸업한 황제의 총애가 보장된 귀족의 자제였다. 그는 한 세대 전 반역죄로 끌려온 귀족 출신의 선배 장교들이나 바로 한 해 전에 시베리아를 탈출했던 바쿠닌 같은 혁명가와 달리 순전히 자신의 뜻으로 이곳을 찾았다. 그의 부친이나 동료들, 심지어 그가 누구인지 알고 있었던 차르 알렉산드르 2세조차도 화려한 수도의 영화로운 생활을 마다하고 '저주받은 유형지'를 인생의 출발점으로 삼으려 하는 이 무모한 청년의 심중을 이해할 수 없었다. 물론 그의 신분은 정치범이 아니라 제국의 장교였지만, 당대 러시아 상류층에게 시베리아 주둔 부대의 하급 장교란 한낱 미래가 없는 인생의 표본에 불과한 것이었다. 그러나 청년 크로포트킨은 부임지로 떠나기 전 황제를 알현하고 궁을 나오면서 이미 제국의 수도에 깊게 드리운 그늘을 응시하고 있었다.

1861년 농노 해방을 전후하여 일시적인 개혁의 분위기에 들떴던 페테르부르크의 인텔리겐치아는 곧이어 불어 닥친 보수 반동의 살벌한 바람에 또다시 절망했다. 군인들이 거리를 행진하고 카자크(코사크) 순찰병은 궁성 주위를 순찰했으며 요새에는 죄수들이 넘쳤다. 어디를 가나 반동의 승리. 크로포트킨은 아무런 미련도 없이 제국의 수도를 떠났다.

바야흐로 새로운 인생이 펼쳐질 참이었다. 그것은 고통스런 노정이었다. 그는 그 길 위에서 자신의 어깨를 누르는 삶의 짐과 이제 갓 농노제를 형식적으로 철폐한 전제주의 조국이 처한 모순의 무게를 끊임없이 확인해야만 했다. 그러나 그것이 사려 깊고도 혈기 왕성한 청년 장교의 의지를 꺾을 수는 없었다. 말을 타고 5만 마일이 넘는 긴 여행을 해보면 인간에게 필수적인 것이 얼마나 적은지를 알 수 있다고 한 그는 "시베리아는 많은 러시아인이 생각하듯 추방된 자들만 모여 사는 동토의 땅이 아니다. 남부에는 캐나다의 남부만큼 천연자원이 풍부하며 경관도 빼어나다"고 쓰고 있다. 그러나 그에게 정작 뜻 깊었던 것은, 훗날 그를 '세기의 아나키스트', '아나키즘 이론의 정초자'라고 부르는 우리에게 음미할 가치가 있는 구절은, 다음과 같은 한 줄의 문장이 아니겠는가?

> 5년 동안 시베리아는 나에게 인생과 인간의 본질에 관한 참된 가르침을 주었다.[1]

그가 이르쿠츠크에 도착했을 때 상트페테르부르크를 뒤덮고 있던 반동의 여파는 아직 이 벽지에까지 파급되지 않고 있었다. 오히려 당시 식민지로 간주되던 시베리아 행정 당국은 러시아 본국의 어떤 지방보다 진보적이었으며 더 우수했다. 당시 동시베리아 총독이던 무라비요프 백작은 계몽 총독으로서 부패한 옛 관리들을 쫓아내고 의욕적인 신진 관리들을 등용했다. 그들 중에는 심지어 중앙에서 추방된 아나키스트 바쿠닌도 포함되어 있었다. 이들 젊은 문관들은 먼저 시베리아 합중국을 건설한 후 태평양 건너에 있는 아메리카 합중국과 동맹을 맺을 것을 논의하기도 했다.[2]

---

1 P. A. 크로포트킨, 『크로포트킨 자서전』, 김유곤 옮김, 우물이있는집, 2003, 237쪽.
2 크로포트킨, 『크로포트킨 자서전』, 241–242쪽.

크로포트킨은 그 무렵 자바이칼 주지사를 겸하고 있던, 역시 진보적인 성향의 젊은 총사령관 쿠겔의 부관으로 임명되어 바이칼 호수 동쪽의 소도시 치타에서 지방 정부의 대개혁에 몰두하게 되었다. 그는 '감옥과 추방 제도 개혁위원회' 및 '지방자치 계획 준비위원회' 등 두 위원회의 사무관이 되어 밤을 잊은 채 젊은 열정을 다 바쳤다. 그와 동료들의 헌신적 노력은, 그러나 수포로 돌아갔다. 시대를 앞질러 간 그들의 사상과 정열이 수용되기에는 페테르부르크와 모스크바로부터 이곳 시베리아에 이르기까지 만연한, 수백 년간 굳어져온 전제주의 권력의 퇴행적 관행이 너무나 완고했다. 예컨대 크로포트킨이 의욕적으로 추진했던 한 파렴치한 군 경찰서장 파면 사건의 경우가 그 단적인 사례였다. 그 경찰서장은 상습적으로 농민을 약탈하고 형사 사건이 일어나면 자신의 수중에 뇌물이 들어올 때까지 감방에 처넣어두었으며, 심지어 여성들에게도 임의로 태형을 가한 장본인이었다. 농민들은 이 자를 몹시 두려워했다.

크로포트킨

"지주는 가깝고 신은 멀다"는 러시아 속담을 잘 알고 있는 농민들은 증인으로 나서려 하지 않았다. 이 자에게 태형을 당한 여인조차도 두려워서 진술서를 쓰지 않으려 했다. 그러나 2주일 동안 농민들과 함께 생활하면서 겨우 그들의 신뢰를 얻는 데 성공했고, 비로소 이 경찰서장의 죄상을 밝혀낼 수 있었다. 나는 결정적인 증거를 수집하는 데 성공했고 군 경찰서장은 파면되었다. 우리는 이 페스트 같은 자를 내쫓은 것을 축하했다. 그런데 몇 달이 지나 이 자가 캄차카로 승진 발령되었다는 어이없는 소식을 들었다. 그곳에서 그는 아무런 속박도 받지 않고 마음껏 농민들을 약탈하여 수 년 뒤 상당한 부자가 되어 상트페테르부르크로 돌아갔다. 이 무렵 그가 가끔 보수 언론에 기고한 글은 강한 '애국' 정신으로 충만해 있었다.[3]

더 이상 치타에서 어떠한 개혁도 추진할 수 없다고 판단한 젊은 장교는 이듬해 여름 아무르 강 시찰 명령을 '기쁘게 승낙하고' 그곳을 떠났다.

이후 크로포트킨은 학창 시절부터 자신의 본래 관심사인 지리 탐사에 열중하게 되었다. 그는 1865년에 탐험한 서부 사얀 산맥에서 시베리아 고지대의 구조에 대한 새로운 이해의 실마리를 찾았고, 중국 국경에 가로놓인 중요한 화산 지대도 발견했다. 그

---

3 크로포트킨, 『크로포트킨 자서전』, 241-242쪽.

러는 사이 1866년 바이칼 호숫가 절벽을 깎아 길을 내는 험한 노역에 동원된 폴란드 유형수들의 폭동이 일어났다. 노예적 운명에의 복종을 거부한 인간들의 반란은 크로포트킨으로 하여금 '러시아 군대의 장교로서 가지고 있던 자부심의 허위성'을 벗어던지게 만들었다.

열아홉 살부터 스물다섯 살까지 시베리아에서 열정과 좌절의 청춘을 보낸 크로포트킨은 '다른 곳에서는 얻을 수 없는 교훈'을 얻었다. 그것은 이후 그의 사상적 전환에 중대한 계기가 되었으니, 곧 인간을 개별적 존재로서뿐만 아니라 사회적 맥락에서 이해하기 시작한 것이다. 그는 이제 지리 탐사로부터 사회사상의 탐사로 자신의 인생행로를 바꾸게 된다. 무엇보다 그는 수년간의 관직 경험을 통해 한때 자신이 그토록 정열을 바쳐 일했던 그 행정기구라는 것이 '절대로 민중을 위해 유용하게 사용될 수 없다는 깨달음'을 얻었다고 고백했다.

> 나는 그 같은 환상에서 영원히 벗어났다.……문서에는 좀처럼 등장하지 않는 이름 없는 민중의 건설적인 노동이 사회의 발전에 얼마나 중요한 역할을 하는지 눈앞에 또렷이 나타나기 시작했다. 일례로 나는 두호보르파[4] 공동체의 생활 방식을 보면서 형제애를 기반으로 한 반(半)공산주의 조직에서 얻어지

는 막대한 이득을 보았다.……원주민과 생활하면서 문명의 영향력이 없어도 복잡한 사회 조직이 만들어질 수 있다는 것을 알게 되었다.……

지주의 집에서 자란 나는 많은 청년들처럼 지휘와 명령과 질책과 징벌의 필요성을 인정하며 살아왔다. 그러나……나는 명령과 규율에 따라 행동하는 것과 상호 이해를 원칙으로 행동하는 것의 차이점을 깨닫게 되었다. 전자는 군대에서 열병하는 것에는 효과가 컸으나 실생활에서는 별 쓸모가 없었다.……나는……그때까지 견지해온 신념을 시베리아에서 모두 버렸다고 말할 수 있다. 나는 이미 아나키스트가 될 준비를 하고 있었던 것이다.[5]

훗날, 그의 나이 서른이 되던 1872년 봄 크로포트킨은 처음으로 외국 땅을 밟게 되었다. 국경을 통과하면서 그는 모국을 떠나는 모든 사람이 느끼는 그런 감회를 맛보았다. 음산한 기운이 자유로운 영혼을 억누르고 있던 북방의 도시로부터 몇 백 마일을 지나 중부 독일에 이르자 따스한 햇볕이 쏟아지는 깨끗한 마을과 아름다운 농장에 만개한 꽃들이 사방에 펼쳐졌다. 라인 강을

---

4 러시아 정교의 한 분파. 구교도라고도 불린다.
5 크로포트킨, 『크로포트킨 자서전』, 290쪽.

넘어 스위스에 당도했을 때는 강렬한 햇볕이 눈 덮인 산들을 비추고 있었다. 그는 문득 러시아가 북방에 위치한다는 사실이 무엇을 의미하는지, 핀란드 연안과 같은 위도에 생활 근거지를 마련해야 한다는 사실이 러시아의 역사에 얼마나 많은 영향을 미쳤는지 생생하게 깨닫게 되었다. 남방의 토지에 대한 러시아인의 이해할 수 없을 정도의 애착, 끊임없이 시도되었던 흑해 진출, 만주까지 내려간 시베리아의 개척민 이동의 의미를 비로소 충분히 이해하게 되었던 것이다.

그는 스위스 뇌샤텔주의 쥐라 산기슭에 사는 시계공들과 일주일을 보냈다. 쥐라 산의 작은 골짜기에 있는 마을 주민들은 프랑스어를 사용하며 가족 전원이 시계 공장에서 일하는 것이 보통이었다. 그곳의 노동자들은 평생 대규모 공장에서 일하는 다른 노동자들에 비해 지적 수준이 훨씬 높았고, 서로를 잘 아는 가운데 자유롭게 의견 교환을 하며 지냈다. 그들은 '쥐라 연합'이라는 공동체 속에서 뛰어난 독립심과 창의성을 발휘하며 생활했다. 크로포트킨은 특히 중년 노동자들이 명석한 논리와 판단력으로 복잡한 사회 문제를 해결해내는 능력에 깊은 감동을 받았다. 그 공동체에서는 지도자와 대중 사이에 괴리가 없었다. 지도자는 카리스마나 특권을 갖는 존재가 아니고 다만 발기인으로서 다른 사람들보다 활동적인 사람일 뿐이었다. 노동자들 또한 소수 지도자들에게 지도받는 수동적인 존재가 아니었다.

쥐라 연합이 사회주의 발전에 중대한 역할을 한 것은 중앙집권주의가 아닌 자유연합주의 사상이 그들의 사상에 반영되어 있었기 때문이다. 시계공들이 아니었다면 연합주의도 오랫동안 추상적인 수준에 머물러 있었을지 모른다.

쥐라 연합과 바쿠닌에 의해 주창되었던 아나키즘, 그것에 기초한 국가사회주의에 대한 비판―정치적 전제주의보다 경제적 전제주의가 더 위험하고 끔찍하다는―은 내 마음을 강하게 움직였다. 그러나 그보다 노동자들의 평등한 인간관계, 독립적인 주체로서 사고하고 표현하는 것, 그리고 운동에 대한 한없는 헌신이 훨씬 감동적이었다. 일주일간 시계공들과 함께 생활하고 나서 쥐라를 떠날 무렵에는 사회주의에 대한 나의 견해가 결정되어 있었다. 나는 아나키스트가 된 것이었다.[6]

크로포트킨은 유럽 여행을 통해 스위스와 벨기에 등 곳곳에서 벌어지고 있던, 인간 해방의 새로운 시대를 열고자 분투하는 정치 운동과 경제 운동을 면밀히 관찰할 기회를 가졌다. 그 소중

---

6 크로포트킨, 『크로포트킨 자서전』, 365쪽.

한 체험은 그의 사회사상을 명료히 하는 데 결정적인 계기가 되었다. 그 후 그는 아나키즘을 확실하고 구체적인 사상의 체계로 발전시키기 위해 밤을 새워가며 사색하고 연구했다.

특히 그의 사회 변혁 사상 정립에 매우 구체적인 계기가 된 것은, 칼 마르크스의 정치 팸플릿 『프랑스 내전』의 주제가 되었던 1871년 3월의 '파리 코뮌'이었다. 그 사건이 역사적으로 노동자가 소유의 사회화에 첫발을 내디딘 의미를 지닌 것이었음을 부정하지 않으면서도, 크로포트킨은 "충분한 확신이 없는 이상을 가지고 봉기했을 때 어떤 결과를 낳게 되는지를 보여주는 끔찍한 실례"라고 냉정하게 지적했다. 노동자들이 자신의 재산을 빼앗지 않을까 하는 공포 속─실제로 코뮌의 지도자들은 공황으로 산업이 마비되고 노동자들의 식량이 없는 상태에서도 은행과 공장과 상점과 저택 소유자들의 권리를 보호했다─에서 두 달을 보낸 프랑스의 자본가계급은 봉기 진압 이후 무려 3만 명의 노동자들을 학살했다. 이 사건을 겪으면서 크로포트킨은 인류의 발전사에서 집단 간 충돌이 불가피하고 시민전쟁이 특정 개인의 의지와 무관하게 일어난다고 하더라도, 적어도 막연한 열망이 아니라 확실한 계획을 가지고 충돌해야 생산적인 결과를 낳을 수 있다는 결론을 내리게 되었다.

시베리아와 쥐라 산의 아나키적 공동체 체험을 긍정적 계기로, 서유럽의 중앙 집권적 정치 운동과 피에 젖은 파리 코뮌의 관찰 경험을 부정적 계기로 하여 정립된 이 시기 크로포트킨의 사상을 음미해보면 매우 혁신적인 하나의 지점이 눈에 들어온다. 당대 유럽 사회의 변혁 전략과 관련하여 중대한 전환점을 제공할 수도 있었던 그 생각은, 그로부터 한 세대 후에야(1930년대) 이탈리아의 사상가 안토니오 그람시가 『옥중수고』에서 개진하여 현대 정치학의 발전에 영감을 던져준 '헤게모니'와 '진지전' 개념의 단초였다고 할 수 있다. 1899년에 초판이, 1906년에 재판이 발간된 『한 혁명가의 회상』에서 크로포트킨은 이렇게 쓰고 있다.

> (모든 생산물과 생산 도구를 사회에 일임하는 거대한 사회 혁명을 위해서-인용자) 노동자들은 지난 세기 프랑스의 공화주의자나 농민이 싸웠던 일부 부패한 귀족들이 아니라-그 싸움조차 수많은 죽음을 불러왔지만-근세 국가의 모든 권력 기관을 장악하고 있고, 지적으로 육체적으로 훨씬 강한 부르주아와 상대하지 않으면 안 되었다. 나는 폭력적인 혁명이건 평화적인 혁명이건 공격 대상인 경제적 정치적 특권층 내부에 새로운 이상이 깊이 침윤되지 않으면 성공할 수 없다는 것을 깨달았다. 러시아의 농노 해방을 목격한 나는 자신들의 권리가 부당하다는 신념이 지주들 사이에서 광범위하게 받아들여지지 않으면 서유럽의 개혁이나 혁명처럼 실패할 것이라고 확신했다.[7]

요컨대 부르주아 사회의 변혁을 목표로 하는 의식적인 운동이 궁극적으로 결실을 맺으려면 특권적 지배계급까지도 사상적으로 개조시켜야만 한다는 것이다. 피지배 인민을 노예 상태로 다스리는 것이 윤리적으로 정당화될 수 없다는 인식의 확산이야말로 성공적인 혁명의 전제 조건을 구성하는 것이었다. 그러할 때 혁명 과정에서 폭력 투쟁은 부차적인 문제가 된다. 충돌의 폭력성을 줄이기 위해서라도 사상을 광범위하게 확산시키는 것이 우선시되어야 했다. 그래야 충돌의 마지막 국면에서 총과 화기보다 창조적인 힘에 의해 재건 작업이 이루어질 수 있다. 크로포트킨에 따르면, 그것은 사회가 얼마나 자유롭고 창조적인 사회적 힘을 가지고 있느냐에 달려 있다. 투쟁이 낮은 수준의 공격 본능이 분출되는 것이어서는 안 되며, 심지어 변화를 반대했던 계급에게도 동의를 얻는 수준 높은 작업이 이루어져야 한다는 것이다.[8]

---

7 크로포트킨, 『크로포트킨 자서전』, 368쪽.
8 크로포트킨, 『크로포트킨 자서전』, 369-370쪽.

02 무장한 예언자, 탄생과 탈주

　카츄샤와 네플류도프, 두 주인공이 결국 시베리아에서 갱생을 얻게 되는 감동적인 스토리를 그린 톨스토이의 『부활』이 세상에 나오던 1899년 말, 체제의 모순과 반란의 기운으로 서서히 허물어져가던 전제군주제의 감옥에서 이제 갓 스무 살의 청춘이 동료 세 명과 함께 4년간의 시베리아 유형 판결을 받았다. 저주받은 땅으로 추방을 기다리던 이듬해 모스크바의 감옥에서, 그는 간수에게 반지를 빌려 유대교 목사가 집전하는 결혼식을 올렸다. 신부는 알렉산드라 소콜롭스카야. 그가 열일곱 살에 처음으로 가입한 불온 서클에서 불꽃 튀긴 논쟁을 벌인 적수였으며, 그보다 훨씬 연상인 사회민주주의자였던 그녀는 이렇게 레프 브론슈타인, 아니 레온 트로츠키와 부부가 되어, 결국 버림받았으나 한 시대를 휩쓸었던 혁명가의 파란만장한 일생의 증언자가 되었다.

트로츠키는 귀족 출신 아나키스트 크로포트킨과는 달리, 우크라이나 남부의 야노프카라는 시골 마을에서 자수성가한 유태인 농부의 막내로 태어났다. 특유의 근면성과 억척스러움으로 점점 부자가 된 부모 밑에서 어린 시절을 보낸 이 아이는 평화롭고 햇빛 밝은 초원에서 구김살 없이 자랐다. 학교에서 그는 재능 있고 인기 많은 학생이었지만, 당대에 급진화한 러시아 인텔리겐치아의 기치가 된 사회주의라는 새로운 운동에 대해서는 아직 들어보지 못하고 있었다. 아니 1896년 중등학교를 다니게 된 니콜라예프에서 이 오만한 소년 브론슈타인은 자신을 그룹에 끌어들이려는 사회주의 사상에 젖은 하숙집 아들들과의 논쟁에서 사회주의 유토피아를 극력 거부했다. 여느 혁명가들처럼 사회주의 사상을 흡수하는 데 처음부터 자발적으로 비상한 관심을 기울인 것은 아니었다.

하지만 '자신의 반항 정신에서, 그리고 논쟁에서 남을 능가하려는 열의에서 새로운 사상에 쉽게 굴복하지 않았던' 그는, 머지않아 사람들이 깜짝 놀랄 정도로 열성적으로 사회주의에 찬동하는 주장을 펴기 시작했다. 1896년 12월 말, 바로 얼마 전까지 "당신이 아직도 마르크스주의자라고 생각해요?"라고 소콜롭스카야를 조롱했던 브론슈타인은 이제 마르크스의 편이 됐다고 선언하여 서클의 친구들을 놀라게 했다. 하지만 그의 급작스런 고백은 사상적으로 그리 충실하게 준비된 것은 아니었다. 다분히 낭만적인 문학청년의 기질이 몸에 흐르고 있던 그는 여전히 나로드니키(인민주의자)와 마르크스주의자 사이에서 동요하고 있는 듯이 보였다.

그러나 러시아 전역의 대학생들을 들끓게 한 1897년의 소란한 봄이 닥쳐왔을 때 브론슈타인이 더 이상 흥미를 느낄 수 없었던 오데사 대학의 짧은 수학도 생활도 끝이 났다. 그는 바야흐로 '혁명가, 정치적 인간'으로서 새로운 길을 걷게 되었다. 한 세대 전 미래의 아나키스트 크로포트킨이 상트페테르부르크의 황궁을 걸어 나와 시베리아로 향하면서 지금까지와는 전혀 다른 인생의 제2막을 열었던 것처럼.

다방면에 걸친 창의력과 타오르는 정열로 지칠 줄 몰랐던 열여덟 살의 청년은 동료들과 함께 '남부 러시아 노동자동맹'을 조직했다. 약 1만 명의 노동자들이 부두와 공장에 고용되어 있는 니콜라예프에서 그는 노동자들의 권리 의식을 고취하고 조직화하는 사업에 몰두하여 상당한 성과를 거두었다. 물론 그 연맹은 투쟁의 대상으로 삼은 거대한 권력에 비하면 '막 행동에 들어가려고 하는 20여 마리에 불과한 혁명의 세균 조직'에 불과한 것이었다. 채 1년을 채우지 못한, 그러나 성공적인 지하투쟁은 이듬해 봄 주요 멤버들이 경찰에 체포됨으로써 막을 내렸다.

  새로운 세기, 전쟁과 혁명과 기근과 공황이라는 파노라마가 펼쳐지는 '극단의 세기'가 막을 연 1900년 여름부터 늦가을까지 모스크바로부터 시베리아로 가는 유형수들의 여행은 계속되었다. 그들은 이르쿠츠크까지는 철도로, 그 이후로는 갈라져 여러 방면으로 이송되었다. 브론슈타인 부부는 큰 거룻배를 타고 레나 강을 내려가 우스트쿠트 마을에서 내렸다. 그곳은 레나 강에 골드러시가 일어났을 때 정착자들의 기지 노릇을 했지만, 이제는 해충과 모기에 시달리는 농민들의 오두막들만 남은 신이 버린 땅으로 변해 있었다. 멀어져버린 황금의 꿈에 취할 수 없었던 주민들은 미친 듯이 보드카에 중독되었다.

  그곳에 머무는 동안 브론슈타인은 바퀴벌레를 털어내면서 칼 마르크스의 책들을 읽고 『자본론』을 공부했다. 다시 얼마 후 그들 부부는 바이칼 호변 이르쿠츠크로 가는 길목에 위치한 베르홀렌스크로 옮겨 비교적 편안히 정착하게 된다. 그곳은 동시베리아에서 가장 오래된 마을 중 하나로서, 35년 전에 러시아제국에 대항하여 봉기를 일으켰던 폴란드의 유형수들이 건설한 도로에 인접해 있었다. 이 새로운 유형지에서 브론슈타인은 자신의 공부와 생생한 체험, 유익한 만남들을 통해 더욱 성숙하게 되고, 걸출한 문필가이자 미래의 혁명가로서 세상에 자신을 알

트로츠키

릴 수 있는 기회를 얻게 되었다. 그는 이 유형자들의 정착지에서 전개되는 논쟁에 적극적으로 가담하여 이내 큰 영향력을 발휘하게 되었다.

이제 시베리아에서 그는 결정적으로 확고하게 사회민주주의 경향에 자신을 일치시켰다. 바로 그때 '시베리아 사회민주주의동맹'이 성장하고 있었고, 이 동맹은 유형자들과 시베리아 횡단 철도 건설 작업에 고용돼 있는 노동자들 중에서 회원을 충원하고 있었다. 동맹은 브론슈타인에게 소책자를 써달라고 부탁했다. 그는 선뜻 동의했고 얼마 지나지 않아 동맹은 그를 자기들의 지도자 겸 대변인으로 여기게 됐다.[9]

이 특이한 인간은 이처럼 짧은 기간에 낯선 시베리아에서 정치적으로 두각을 나타냈을 뿐만 아니라 문필가로서도 탁월한 기량을 발휘했다. 흔히 반체제 작가들은 권력 당국의 검열에 대한 일종의 피난처를 문학 평론에서 구했는데, 브론슈타인도 마찬가지

---

9 아이작 도이처, 『무장한 예언자 트로츠키』, 김종철 옮김, 필맥, 2005, 76쪽.

였다. 트로츠키의 전기 작가인 아이작 도이처는 그가 타고난 독서가요, 문학 평론가였다고 말한다. 비록 "지나치게 정교하고 수사적이며 재치 있는 그의 문체는 아직 사춘기의 것"이라고 할 수 있었지만, 그의 판단력은 성숙 단계에 들어가 있었다. 시베리아에서 2년을 지내는 동안 브론슈타인은 니체, 졸라, 하우프트만, 입센, 다눈치오, 러스킨, 모파상, 고골, 게르첸, 벨린스키, 도브롤류보프, 우스펜스키, 고리키 등 수많은 유럽 및 러시아 작가들에 관해 글을 썼다.

이처럼 폭넓은 그의 관심의 초점은 순진한 문학청년의 그것과는 달리 지극히 문학사회학적인 것이었다. 즉, 문학 작품의 이면에 들어 있는 사회적 충동, 작가의 개인적 표현들이 은밀하게 드러내는 도덕적 정치적 분위기, 그리고 문학 작품의 사회적 영향이 브론슈타인의 주된 관심사였다. 그러므로 수단을 목적 자체로 끌어올리려고 애쓰며, 그렇게 함으로써 상징을 '인간 경험의 강렬한 표현'에서 '그 경험에서 벗어나는 수단'으로 격하시키고 있다고 그가 비판한 당대의 상징주의 경향에 동조할 수 없었다. 혁명적 낙관주의자였던 그는 1901년 초에 쓴 「낙관주의와 비관주의, 20세기, 그리고 그 밖의 다른 많은 것에 관하여」에서 이렇게 갈파했다.

숨을 쉬고 있는 한 나는 희망한다.……만약 내가 천체 가운데 하나라면 먼지와 진흙으로 이루어진 이 비참한 공(지구)을 완전히 초연하게 바라보겠다.……나는 선과 악에 똑같이 빛을 비추겠다.……그러나 나는 '인간'이다. 과학을 냉담하게 마구 삼키는 자인 그대에게는, 영원한 회계사인 그대에게는 시간의 균형 속에서 무시할 수 있는 순간으로밖에 보이지 않는 세계사가 내게는 모든 것이다! 나는 숨을 쉬는 한 미래를 위해, 강인하고 아름다운 인간이 자기 역사 흐름의 주인이 되고 아름다움, 기쁨, 행복의 무한한 지평선을 향해 그 흐름을 몰고 갈 빛나는 미래를 위해 싸울 것이다![10]

하지만 이 모든 성취와 자신감에도 불구하고, 한낱 진흙투성이에다 돌멩이로 뒤덮이고 비좁은 베르호렌스크의 거리를 브론슈타인은 더 이상 참아낼 수 없었다. 아내 알렉산드라는 이제 막 둘째딸을 낳았고 누구로부터도 도움을 기대할 수 없는 상황임에도 불구하고, 젊은 남편의 초조한 마음과 은밀한 야심에 기꺼이 동조하여 위험천만한 탈출 음모를 돕겠다고 약속했다. 그 순간 필경 그녀가 직감했을 것처럼 그 부부의 인연은 그것으로 영원히

---

10 도이처, 『무장한 예언자 트로츠키』, 89쪽.

끝이 났다.

1902년 어느 여름날 세기의 풍운아, 도망자는 울퉁불퉁한 시베리아 벌판을 덜컹거리는 농민의 건초더미 수레 속에 몸을 숨긴 채 이르쿠츠크로 가고 있었다. 그 도시에서 고급스러워 보이는 새 옷으로 갈아입고 시베리아 횡단 철도에 몸을 싣기 바로 직전 그는 동지들이 만들어 준 위조 여권에 서둘러 가명을 적게 된다. 순간 브론슈타인은 자신이 전에 수감되어 있던 오데사 감옥의 한 간수 이름을 떠올리고는 그것을 휘갈겨 썼다. '트로츠키.' 그 후 세계를 뒤흔든 격동의 러시아 혁명사에서 지울 수 없는 이름은 그렇게 탄생했다.

그러나 그것이 그의 마지막 탈출은 아니었다. 1905년 페테르부르크에서 노동자들의 봉기가 발생했으나 성공적인 혁명으로 귀결되지 못했을 때 소비에트의 지도자였던 트로츠키는 다시 한 번 자신이 떠나왔던 길로 되돌아가야만 했다. 1907년 1월 5일 새벽 회색 죄수복을 입은 '제국의 반역자들, 인민의 지도자들'은 시베리아 유형지로 가는 기나긴 여행을 시작하고 있었다. 유형수들보다 앞질러 퍼진 소문과 전설 때문에 더러 길가의 농민들이 외경심을 품고 그들을 바라보았지만, 여행이 끝날 무렵까지도 그들은 최종 목적지가 어디인지 알지 못했다. 말 40마리가 이끄는 썰매들로 이루어진 호송대는 일체의 탈출 시도를 봉쇄하려고 해가 떠 있는 낮에만 움직였기 때문에 하루에 20여 킬로미터 이상을 달리지 못했다. 탈출하는 유형수가 체포되면 자동적으로 3년의 중노동 처벌을 받게 되어 있었다.

타이가와 툰드라 지대를 지나면서 유형수들은 문명과 결별했다. 몇 채씩 흩어져 있는 원주민 오두막을 제외하고는 수백 킬로를 가도 눈과 얼음에 덮인 대지만이 침묵하고 있는 원시의 땅에서 그들은 충격을 받았다. 1월 29일 토볼스크의 감옥에서 트로츠키는 아내 세도바에게 "거리의 전등 빛, 전찻길의 땡땡거리는 소리, 그리고 세상이 줄 수 있는 가장 사랑스러운 것인 새로 찍어낸 신문의 잉크 냄새에 대한 갑작스럽고 격렬한 그리움"이 자기를 사로잡았다고 썼다.[11] 그리고 그는 두 번째 탈주를 꿈꾸었다. 같은 유형수 의사의 도움으로 좌골신경통을 가장하여 감시의 눈길을 벗어나고, 한 동정적인 농민의 안내로 야생의 땅을 벗어나기 위해 순록을 타고 필사적으로 내달렸다.

불안감과 조바심을 떨쳐버릴 수 없었으나, 그는 움직이고 있다는 것만으로도 행복했다. 그는 눈을 크게 뜨고 흰 불모지의 경이로운 아름다움과 오스탸크인의 오두막들에 깔려 있는

---

11 도이처, 『무장한 예언자 트로츠키』, 242쪽.

삶의 누추함과 비참함을 바라보았다. 그는 대부분의 시간을 잠과 싸우면서 보냈다. 텅 빈 황무지 한가운데 멈춰서 불을 피우고 그 불가에서 눈을 녹여 차를 끓이는 동안 그는 자기가 관찰한 것을 글로 적었다.……탈출의 긴장과 툰드라의 공포도 그의 탐구자적·문필가적 기질을 억누르지는 못했다. 그는 그곳의 풍경과 숲의 모양은 물론 늑대, 여우, 흰담비, 고라니 등 짐승들이 눈 위에 남긴 다양한 발자국, 안내인과 나눈 대화, 손 안에서 팔딱거리는 생선을 먹는 것을 즐겼던 토착민들의 관습과 생활 방식, 그곳 여자들의 비참한 노예 상태, 사슴 사냥, 사냥꾼과 사냥감의 행동, 그 밖의 무수한 일들을 기록했다.[12]

5년 전 그날처럼 다시 열차에 몸을 실은 그의 입에서는 함성이 터져 나왔다. "그것은 기쁨과 자유의 외침이었다." 그가 다시 페테르부르크를 향해 가고 있다는 전보가 아내 세도바에게 도착했을 때 그녀는 자기 눈을 믿을 수 없었다. 그리고 그때까지 페테르부르크의 신문들은 유죄 선고를 받은 소비에트의 지도자들이 아직 북극권을 향해 가고 있다는 보도를 하고 있었다. 1917년 2월 혁명 후 페트로그라드 소비에트 의장이 되어 레닌과 함께 볼

---

12 도이처, 『무장한 예언자 트로츠키』, 245쪽.

셰비키 혁명을 지도하고, 이듬해 적군을 창건했으며, 1920년대 스탈린의 적수가 되어 당에서 추방당하고, 1940년 멕시코에서 자객에게 암살당했던 비운의 혁명가, '무장한 예언자' 트로츠키는 그렇게 시베리아로부터 탈주하여 다시는 돌아가지 않았다.

03 근대 문명과 시간의 깊이

　부족이 살던 숲에서 나와 '문명인'의 도시에서 근대적 교육을 받고 의사가 된 한 아메리카 원주민이 있었다. 그가 처음으로 얻게 된 직업은 미국 정부에서 사우스다코타 주의 파인 리지 '인디언 보호구역'에 파견한 의사 자리였다. 그는 거기에서 원주민 교육담당관으로 부임한 백인 여성과 결혼하여 '문명인이 된 인디언'의 표본으로서 평온하고도 행복한 인생을 보낼 수가 있었다. 그러나 1890년 12월 무장한 500명의 백인 기병대가 현지 부족들 사이에 퍼진 평화로운 계시와 기도의 춤을 금지하고 야만적인 살육을 자행한 '운디드니 대학살' 이후 그는 자신의 생애를 원주민이 처한 곤궁한 환경과 그들에 대한 세상의 편견을 바꾸는 데 바치기로 결심했다. 이후 야생의 숲에서 보낸 어린 시절과 원주민의 정신세계를 담은 몇 권의 책을 펴내게 되었는데, 그중 하나에서 자신의 생애를 회상하며 이렇게 쓰고 있다.

어렸을 때 나는 남에게 베푸는 법을 알았다. 그런데 문명인이 된 다음부터 그 아름다움을 잊어버렸다. 그때는 자연스런 삶을 살았으나 지금은 인위적인 생활을 하고 있다. 그때는 조약돌 하나도 가치 있게 여기고 나무 한그루를 봐도 놀라워 할 줄 알았다. 그런데 이제는 얼굴 흰 사람들과 더불어 액자에 넣어진 풍경화 앞에서 그 가치를 돈으로 환산하고 있다!
바위를 갈아서 생긴 돌가루로 벽돌을 만들고 그 벽돌로 문명사회의 인위적인 벽을 쌓아올리듯이, 내 안에 있던 인디언은 그렇게 사라져버렸다.[13]

숲 속이나 벌판에 살던 원주민은 신이 인간에게 내려준 자연과 그로부터 파생된 물건들을 배타적으로 소유하려는 욕망을 곧 타락에 이르는 덫으로 여겼다. 현란한 문명사회가 안겨주는 많은 이기(利器)와 소비재들은 그들에게 쓸모없는 유혹과 고통의 근원으로 생각되었다. 그러나 과감하게 자연을 정복할 줄도, 재산을 축적할 줄도 모르는 이 무지하고 가난한 영혼들을 백인 정

---

13 오히예사, 『인디언의 영혼』, 류시화 옮김, 오래된미래, 2004, 183쪽.

복자들은 경멸했으며, 이윽고 '보호구역'으로 몰아넣었다.

그리하여 조상 대대로 단순함의 미덕을 간직하고 살아가던, 자연의 형제인 동물들에게까지 존경심을 잃지 않았던 야생 인류는 문명 인류의 관상용이 되었다. 이제 세상 만물 속에서 영혼을 자각하며, 인간을 개별적 주체로서가 아니라 서로간의 관계 속에서 파악하여 '나의 슬픔을 지고 가는 사람'을 친구로 알았던 자연의 인간은 사라지게 되었다. 삶의 목표를 오로지 더 많이 소유하는 것, 부와 권력과 지식을 더 많이 모아서 타자로 여겨지는 세상을 지배하고 자신의 영역을 확대하는 것에 두는 '얼굴 흰 사람들'의 생각을 아메리카 원주민들은 이해할 수 없었다.

얼굴 흰 사람들은 정말로 특이한 자들이 아닐 수 없다. 그들은 하루를 여러 시간으로 나누고 한 해를 여러 날로 쪼갠다. 사실 그들은 모든 것을 그런 식으로 나눈다. 무엇이든 돈으로 환산해 가치를 따지고, 끝까지 이익을 추구하며, 자기에게 이익이 되지 않으면 쓸모없는 것이라 여긴다. 그들은 다른 별에서 온 사람들임에 틀림없다.

심지어 그들의 대추장은 그들이 살고 있는 땅과 물건들에 대해 세금을 물린다고 들었다. 아무것도 소유하지 않아도 살아 있는 것만으로도 매년 세금을 내야 한다는 것이다. 우리

인디언들은 그런 법 아래선 도저히 살 수가 없을 것이다.[14]

근대인은 원주민이 '도저히 살 수 없을 것 같은' 그런 세상을 아주 자연스럽게 받아들이며 살고 있다. 하지만 과거 수천수만 년간 인류가 어떻게 살아왔는지 찬찬히 들여다보면, 자연과 사회의 산물을 개인이 배타적으로 소유하고 그것을 정당화하는 경제 관념이 지배적 원리로 확산된 것은 매우 짧은 기간에 불과하다는 것을 알게 된다. 마을을 이루고 작은 도시를 만들면서도 사람들은 서로가 서로에게 도움을 주고받는 불가분의 존재라는 사실을 오랫동안 잊지 않고 살아왔다. 자연의 리듬에 맞춰 세상을 살아온 인류는 공동체 구성원들에 대해 나눔의 예의를 갖추면서 자신들에게 필요한 물건들을 선물하고 교환했으며, 나만의 이익을 위해 '상품'을 '판매'하려는 생각을 하지 않았다. 그것은 그들의 지혜가 거기에까지 미치지 못해서가 아니라 자연스런 인간의 삶의 윤리가 그것을 허용하지 않았기 때문이다.

그러나 전통적인 공동체의 부산물에 불과했던 '시장'이 단순히 일상생활에 필요한 물물의 교환 장소나 그 행위라는 의미를 넘어 부의 축적을 위한 가장 정교한 통로로 변질되는 근대에 들

---

14 오히예사, 『인디언의 영혼』, 94쪽.

어와서 인간은 소유 자체를 목표로 추구하면서 동시에 소유에 부수적 존재로 전락하고 말았다. 사람들이 자신의 필요에 따라 시장을 여는 것이 아니라 시장이 사람들의 운명을 좌우하게 된 것이다.

 소유에 대한 관념과 더불어 근대인과 전통인, 근대 문명과 자연의 삶을 가장 명시적으로 구별해주는 것은 시간 관념이라고 할 것이다. '문명인이 된 야생인'이 이미 간파한 것처럼, 그 둘은 사실 별개의 것이 아니다. 복잡한 도시의 일상생활에서 사람들이 그토록 강박증을 느끼는 것은 다름 아닌 바로 시간의 엄중함 탓이요, 그것은 다시 근대인에게 시간이야말로 더 많은 지식과 부와 영향력을 축적하기 위한 모든 시도와 결부되어 있기 때문이다. 그리하여 근대 문명은 인간 생활의 기본 단위인 하루를 24시간으로 나누고, 한 시간을 다시 60분으로 나누고, 1분을 또다시 60초로 나누는 시간의 극단적 분절화, 시간의 절대화를 통해 영위되고 있다. 이제 사람이 시간을 재는 것이 아니라 시계가 사람의 일생을 감시하게 된 것이다. 인간은 시간의 감옥에 갇힌 존재가 되었다.

 그러나 기실 근대인이 그토록 중시하는 시간이란 인간의 자연스런 삶과는 동떨어진 대단히 추상적인 개념일 뿐이다. 하늘에서 땅으로 내려오는 눈과 비는 시계에 맞춰 떨어지지 않으며, 싱

그리운 봄의 언덕에 돋아나는 풀잎과 가을의 빛나는 단풍도 인위적인 시간에 얽매이지 않는다. 수십수백 마리가 무리지어 가다가 동시에 방향을 바꾸거나 멈추어 서는 창공의 새떼와 벌판의 사슴들은 자신들의 몸속에 베인 자연의 시간 감각에 따라 행동한다. 사람 또한 '동창이 밝아올 때' 태어나고, '단풍이 들 때' 추수를 준비하며, '해가 서쪽 나뭇가지에 걸렸을 때' 이웃집에서 빌려온 물건을 돌려주러 간다.

아메리카 원주민 언어 중 미크맥어에는 '시간'이란 단어가 없다고 한다. 그들은 벽에 걸린 시계가 말해주는 그런 시간에는 관심이 없기 때문이다. 그들은 서구인이 말하는 시간 같은 것은 믿지 않는다고 말한다. 노인에게 나이를 물어볼 때도 "그런 달[月]을 몇 번이나 할아버지 눈으로 직접 보셨습니까"라고 하든지 또는 "겨울눈을 몇 번이나 밟아보셨습니까"라고 묻는다는 것이다. 일 년 열두 달을 지칭할 때도 각 시기마다 뜨는 달의 모양이나 그때 다른 동식물의 움직임을 고려하여 이름을 붙인다. 예컨대 '배고픈 달이 뜰 때', '물고기가 보금자리를 찾을 때 뜨는 달', '크랜베리 열매가 열릴 때 뜨는 달' 등의 표현이 그것이다.[15]

이처럼 아메리카 원주민의 시간 관념은 그들의 일상생활과 하나하나 구체적으로 연관되어 있다. 물리적인 시계가 가리키는 시간이 인간의 의식과 삶의 목표를 구속하지 않는 대신, 인간의 생활과 자연의 시간은 깊은 차원에서 결합되어 있다. 그들은 또한 눈에 보이지는 않지만 대대로 전승되는 영혼의 시간이 존재한다고 믿는다.

> 영적 시간은 수직적이다.……수직적 시간은 창조주의 마음에서 출발하여 그의 자손과 현대를 사는 우리를 거쳐 어머니이신 땅의 심장부로 나아가는 시간이다. 그것은 우리의 꿈이 향하는 길이며 우리가 살아 움직이며 우리의 존재를 유지하는 바로 현재 시간이다.[16]

그러나 서구식 문명사회에서 살아가는 근대인에게 시간은 '효율적인' 관리의 대상, 최대의 이익을 얻기 위한 '합리적' 수단일 뿐 어떤 영혼도 깃들일 수 없는 것이다. 근대의 시간은 차가운 이성에 기초한 계산과 직선적인 진보의 정신을 표상하는 것이며, 인간의 삶이 자연의 순환과 불가분의 관계에 있다거나 공동체

---

15 에반 T. 프리처드, 『시계가 없는 나라』, 강자모 옮김, 동아시아, 2004, 61-64쪽.
16 프리처드, 『시계가 없는 나라』, 260-261쪽.

안에서 할머니와 손자의 마음속에 흐르는 교감 같은 것과는 전혀 상관이 없다.

존 버거가 지적하듯이, 흥미롭게도 좌파와 우파, 진화론자와 물리학자, 그리고 대부분 혁명가들이, 적어도 역사적 차원에 관한 한 단선적이고 동질적인 시간의 흐름을 받아들인다. 하지만 시간은 객관적이고 절대적 중립성을 지닌 것이며 시간이 모든 것을 꼭 같이 휩쓸어간다고 하는 이런 관념, 근대 문명의 이런 시간의 이데올로기가 궁극적으로 인간의 삶에 남긴 것은 무엇일까?

절대국가의 억압으로부터 해방을 꿈꾼 자유주의자들은 천부인권을 누리는 자유로운 개인의 시민사회를 설파했고, 인간 불평등의 기원을 역사 이래 사유재산의 형성에서 기인한 것으로 파악한 이상주의자들은 언젠가 도래하고 말 유토피아를 꿈꾸었다. 하지만 그렇게 하여 지상에 공화국이 수립되고 시민들의 자유가 넘치게 되었더라도 인류는 조상들이 겪었던, 그리고 지금 숨을 쉬고 있는 나와 나의 후손들이 겪게 될, 그 어느 날인가 서서히 또는 예고 없이 닥쳐올 문명의 바벨탑과 존재의 사멸에 대한 공허감을 극복하지는 못했다. 아니, 18세기 이후 서유럽으로부터 급속히 퍼지기 시작한 근대와 이성의 논리 체계야말로 결국 인간의 존재와 세계의 의미가 지닌 종국적 허무를 명료하게 비추어

준 투시경이었다고 할 수 있다. 시간이 멈추지 않는 한 노년의 투르게네프는 절망으로부터 벗어날 수 없을 것이며, 마야코프스키는 그가 꿈꾼 미래를 영원히 보지 못할 것이다.

> 어찌하든 내가 죽게 되는 것이 피할 수 없는 운명이기 때문에 나의 삶이 헛되다는 이 느낌, 그리고 인간의 가장 고상한 발명품인 고등 종교의 경전들이 예언하는 바, 지상에서 인류의 사멸은 막을 수 없기 때문에 역사가 헛되다는 이 감각은, 그야말로 인간의 '합리적' 의식에서는 피할 수 없는 진리처럼 생각된다. 이 절대 고독으로부터 벗어날 출구를 무신론적 실존주의에서 찾든, 상상의 절대자를 향한 귀의에서 구하든, 또는 모든 기존 질서를 일거에 뒤엎는 혁명에서 확신하든, 근대의 합리주의는 의미 붙여진 주체가 시간적으로 무한 존속한다고 상상하지 않는 한 자기를 근원적인 허무에서 구해낼 내부 구조를 갖지 못한다는 것이다.[17]

그러나 그 자체가 자연의 일부였던 공동체로부터 뿌리 뽑히기 이전 인간은 양이 아닌 질로 시간을 대했다. 문명권에 따라 시간

---

17 마키 유스케, 『시간의 비교사회학』, 10-11쪽.

관에 차이가 있지만, 많은 인류학적 보고(報告)들은 세계 곳곳에 근대 문명에 비해 훨씬 흥미 있고 풍성한 시간관, 따라서 인생관이 있었음을 보여준다. 거기에서는 모든 존재가 시간 속에서 차츰 무(無)가 되어간다거나, 끊임없이 덧없이 사라져간다는 감각 방식이 결코 인간의 보편적 심성이 아니라는 사실이 확인된다. 그들에게 과거는 현재와 공존하며, 이루어지지 않은 또는 이루어질 수 없는 것으로 여겨지는 미래는 무의미하다. 때문에 근대인이 자신의 미래를 걱정하며 번민하는 것처럼 본질적으로 불안한 미래가 인간의 현재를 구속하지 않는다.

　자연의 리듬에 맞추어 사는 사람들은 번민해야 할 미래를 가지고 있지 않다. 그들은 현재의 생활을 미래에 달성할 그 무엇인가에 저당 잡힌 채 살아갈 필요가 없는 것이다. 그들에게 시간은 구체적으로 자신들이 날마다 체험하고 자신들의 바로 곁에 조금씩 쌓여가는 것이지, 특별히 계획하거나 아끼거나 또는 소비되거나 낭비될 수 있는 대상이 아니라는 것이다. 언제나 자신들과 더불어 존재하는 자연의 풍경에 대한 담담한 태도야말로 그들의 감각과 생각을 잘 말해준다. 호주 원주민 출신의 민속학자 스트레로는 이렇게 증언한다.

　　산이나 시냇물, 샘, 늪 등은 원주민에게는 단순히 아름다운 경치나 흥미로운 경관에 그치지 않는다.……그것들은 모두 그들 조상의 누군가가 만들어낸 것이다. 주위의 경관 속에서 그는 경외하는 불멸의 존재의 공적을 본다. 이 존재들은 지금도 잠시나마 사람의 형태로 모습을 바꾸기도 하며 살아생전의 아버지나 할아버지, 형제나 어머니, 자매로서 아주 가까운 사이였다. 이 토지 전체가 그에게는 예부터 존재했으며, 지금도 살아 있는 하나의 가계보(家系譜)와도 같은 것이다.[18]

하지만 자연의 구상(具象)으로부터 떨어져나가 비인간적으로 물상화된 근대인의 시간 관념은 마치 자본주의 체제의 화폐처럼 인간의 하루하루 생활을 구속하고 인간관계를 속속들이 지배한다. 그것은 인류가 '미개와 원시'로부터 '풍요와 진보'로 가는 합리적인 길이었지만, 동시에 인간이 존재의 근원을 허물고 서서히 다가오는, 어찌할 수 없는 소멸의 공포라는 치명적인 수렁으로 빠져 들어가는 길이기도 했다. 인간 생애의 과거를 무화(無化)하고 미래를 향한 돌이킬 수 없는 시간이라는 관념의 발명자는 이렇게 자승자박하게 된 것이다.

출구는 어디에 있을까? 그것은 일상을 살아가는 사람들이 인

---

18 마키 유스케, 『시간의 비교사회학』, 25쪽에서 재인용.

위적인 시간이 아니라 자연의 시간을 보다 깊게 체험하는 데서 찾아야 할 것이다. 인간의 생애에 자취를 남기는 사건들은 모두에게 각기 다른 정도로, 다른 의미로 체험되고 기억된다. 긴 겨울 씨앗이 언 땅 속에서 잠자는 시간과 화창한 봄볕을 받으며 대지 위로 새싹을 내미는 순간이 질적으로 동일하지 않듯이, 인간의 생애도 얼굴에 주름을 남기는 외면의 세월과 은밀하게 생의 의미를 느끼는 내면의 시간은 같은 것일 수 없다. 그 다양한 시간들 속에서 타자와 자연을 단지 대상으로 간주하면서 그들을 지배하고자 계획하고 소비하는 사이에 절대화한 자아의 감옥을 해체하고, 끊임없이 현재를 강박하는 미래가 아니라 '지금 이 시간'이 주는 충족감 자체를 누릴 수 있는 감성과 능력을 재발견하는 것[19]이야말로 '근대인·문명인'에게 절실한 소박하면서도 근원적인 성찰이 아니겠는가?

그리하여 우리가 일상적으로 시달리는 시간의 억압을 주체적으로 벗어나고자 할 때, 그럼으로써 스스로가 견고하게 구축한 어리석은 절대 자아의 동굴로부터 빠져 나오고자 할 때, 거기 우리가 대상으로만 바라보았던 세계가 아직 우리를 기다리고 있다. 사시사철 해와 달과 별빛과 노니며 또한 눈보라와 비바람 속에

---

19 마키 유스케, 『시간의 비교사회학』, 239쪽.

흔들리면서도 덤덤하게 버티며 우아한 자태를 뽐내는 저 숲과 강과 들꽃과 산새와 뭉게구름은 아직 우리를 온전히 버리지는 않았다. 그들은 연약한 인간의 위무자들로, 도시 문명의 가혹한 일상에 상처받은 사람들의 친구로, 신을 갈구하는 고독한 영혼들의 구원자로 거기 그렇게 남아 있다.

그것이 한낱 짧은 도피에 불과한 여정일지라도, 그것이 한때의 치기에 불과한 무모한 장정(長程)이라고 할지라도, 저 시베리아는 그렇게 우리를 넉넉하고 포근하게 감싸 안아준다. 하여, 그저 유한한 시간의 그물 속에 인간의 약동하는 청춘을 옭아매는 우둔함을 반복하지 않으려는 사람들에게, 마루에 엎드린 늙은 개를 힘없이 바라보며 무력한 노년의 나날에 동병상련을 느끼는 허무를 반복하지 않으려는 사람들에게, 시베리아는 지금 우리의 소중한 존재, 미래에 구속받지 않는 현재를 충족하는 지혜의 땅이자 정화의 기운으로 남아 있는 것이다.

에필로그
기차에 관하여

　세상을 달리는 기차는 가슴에 남는 소리를 남긴다. 떠나고 돌아오는 것이 기차만은 아니지만 그 어느 것도 석양의 기적소리만큼 강렬하게 자신의 출발과 귀환에 여운을 남기지 않는다. 때를 맞춰 플랫폼에 모여드는 사람들의 발걸음은 한결같이 바쁘지만 표정은 그들의 숫자만큼이나 다양하다. 퇴락해가는 소도시의 변두리에 자리한 오래된 역사(驛舍)는 그 좁다란 대합실을 거쳐 간 수많은 인간사의 변전(變轉)을 기억하고 있을 것이다.

　웬만한 유혹에도 평정심을 잃지 않을 만큼 연륜이 쌓였다는 나이가 되던 해 여름, 나는 오랫동안 꿈꾸던 시베리아 횡단 열차의 플랫폼에 서 있었다. 항구도시 블라디보스토크의 한낮은 섭씨 30도가 넘을 만큼 더웠고, 나는 불혹의 경지에 도달하기에는 너무 먼 서울의 일상에 지쳐 있었다. 출구가 절실했다. 속도를 잴 수 없을 만큼 빠르게 돌아가는 거대 도시는 현기증을 일으켰고 충족되지 못하는 젊은 날의 생은 소진되고 있었다. 어쩌면 저 아득한 시베리아 벌판이, 초원에 빛나는 자작나무 이파리들이 나를 구원해줄지도 모를 일이었다.

만져지지 않는 어떤 안타까움 위로 모르는 척 슬쩍 포개지는 가벼운 기대가 이방인 여행자의 몸에 전류처럼 흘렀다. 그리고 하바롭스크로 가는 심야 열차에서 젊은 러시아 처녀들과 차디찬 보드카 잔을 부딪치고, 이르쿠츠크로 가는 오후의 기차간 복도에서는 플로리다에서 음악과 연극을 가르친다는 중년의 미국인 교사를 만났다. 그는 바이칼 호수와 그 주변 식생에 관한 풍부한 자료를 미리 익혀 철길 옆 꽃 이름을 가르쳐주면서, 지금 자기는 평생의 꿈을 이루고 있노라고 흡족한 낯으로 말했다. 방학을 맞아 대륙 횡단에 나선 북구의 대학생들은 객실 문을 열어놓은 채 이따금씩 차창 밖의 풍경을 곁눈질하며 그네들의 언어로 쓰인 책을 들여다보고 있었다.

순정한 시베리아의 태양과 바람이 온 대지에 거침없이 쏟아지는 열여드레 동안 끝없이 이어지는 벌판을 달리면서 짓눌렸던 내 가슴은 스스로를 주체하지 못한 채 터져버리고 말았다. 변화하지만 초라한 도시의 뒷골목에서 번민하던 가난한 영혼에 한줄기 비가 내렸다. 비로소 새로운 세상에서 살게 되리라는 예감이 해

일처럼 밀려왔다. 하바롭스크, 이르쿠츠크, 노보시비르스크, 예카테린부르크……. 그 길고도 낯선 도시의 이름들이 내 몸의 세포 하나하나에 지워지지 않을 흔적을 남겼다.

기차는 서로 다른 사연과 감정을 품고 가는 사람들을 어디론가 싣고 가지만, 그들은 목적지에 당도하기도 전에 눈앞에 펼쳐지는 치열한 삶의 현장을 목격하게 된다. 작은 마을에서는 잠깐 들렀다가 떠나는 기차는 큰 도시에서는 20분가량 머무는데, 바로 그때 도깨비시장이 서는 것이다. 갓 구운 빵과 블린느(러시아식 빈대떡)를 파는 아가씨, 술안주용으로 마른 생선을 흔들어대는 소년, 딸기와 사과와 바나나 같은 과일을 파는 아주머니, 통 속의 우유를 파는 할머니, 쉼 없이 '꽃 사세요'를 외치는 소녀 등 생활 전선의 역군들이 일시에 모여들어 혹은 열차의 창문으로 손을 들이밀거나 혹은 밖으로 나온 승객들을 붙잡느라 법석을 떠는 것이다.

이런 모습은 이미 1930년대에 소설 『유정』에서 춘원이 인상적으로 묘사한 바 있거니와, 그로부터 70년이 지났어도 거의 그대로 되풀이되는 풍경이 사뭇 놀랍다. 이 철길 옆 시장은 사회주의와 자본주의를 가리지 않고 사람들에게 일용할 양식을 공급하고 있는 것이다. 기차를 타고 달리는 여행객에게는 한때의 진기한 추억거리지만, 비지땀을 흘리며 여행객을 상대하는 사람들에게는 생존의 현장이다. 한조각의 낭만도 없이, 한 자락 우수도 사치스러운 그들은 금방 떠나가는 열차의 꽁무니를 바라보지도 않고 다음 열차 시간을 기억해낸다.

육중한 쇳덩이 바퀴로 굴러가는 이 차디찬 금속 기계는 애초 시베리아 오지의 가난한 사람들을 위한 것이 아니었다. 세계에서 가장 넓은 유라시아 대륙을 가로지르는 횡단 철도 건설 계획은 동아시아로 향하는 제정러시아의 군사·경제적 목적을 달성하기 위해 건설되었다. 혹한의 기후 속에 침목이 깔리고 수많은 노동자와 기술자의 희생 위에 10월 혁명 직전인 1916년에 드디어 전 구간 개통의 팡파르가 울렸으니, 이 열차는 어느덧 100년의 세월을 바라보며 달려온 셈이다. 그 사이 소비에트 사회주의 공화국 연방(소련)이라는 긴 이름의 나라가 지도에 나타났다 사라지고 철길 옆 사람들은 기차역 주변을 삶의 터전으로 가꾸어냈다.

한적한 시골에서 또는 숲 속이나 강가에서 해와 달의 움직임에 따라 대대로 살아가던 원주민들에게 어느 날 갑자기 보게 된 기차는 이해할 수 없는 괴물 같은 것이었다. 산등성이를 가로지르고 강을 건너 질주하는 기차를 그들은 작은 언덕 밑에서 불안한 호기심으로 바라보았다. 그리고 그 불길한 문명의 상징이 급기야 동네 곁을 지나가면서 자신들의 삶터를 마구잡이로 휘저어 놓는 것에 속수무책이 되었다. 영악한 자들은 마을을 떠나고 남

시베리아 횡단 열차

은 자들의 눈동자는 초점을 잃어갔다.

　다시 세월이 흘러 강산이 몇 번 바뀌고 고속버스와 비행기가 일상적인 교통수단이 되면서 상대적으로 느리게 가는 기차는 오히려 소박한 사람들의 친근한 이웃으로 남게 되었다. 초고속의 질주가 삶의 양식을 규정하는 시대에 기차는 오히려 그대로 남아 숲 속 오솔길을 천천히 걷는 이들과 호흡을 맞추게 된 것이다.

　그리하여 늦여름 오후, 동구 밖 언덕배기에서 홀로 소에게 풀을 먹이던 소년은 매일 그 시간이면 어김없이 저 멀리서 증기를 내뿜으며 지나가는 기차를 물끄러미 바라보곤 했다. 그것은 어느덧 소년의 일상에서 빼놓을 수 없는 일과가 되었고, 어쩌면 어린 시절의 기억에서 가장 명료한 성장의 흔적으로 남을 것이었다. 그에게 기적소리는 한 번도 가보지 못한 도시와 거기에서 살고 있을 또래 동무들에 대한 아련한 향수를 불러일으켰다. 소년이 아직 경험하지 못한 세계에 대한 그런 들뜬 감정은, 따라서 분명 기억에 의존하는 것이 아니었다. 언젠가 꿈에서 본 듯한, 아니면 기차가 시야에서 사라지고 난 후 뭉게구름 떠다니는 하늘을 무심히 쳐다보다 저절로 들게 된 상상의 그림 탓인지도 몰랐다.

황량한 벌판 또는 호숫가 바위를 깎아 새로 낸 길에서 기차는 처음에는 개선장군처럼 달렸으나, 점차 세월의 자취에 철길이 녹슬면서 그저 겸손하게 사람들을 싣고 달린다. 또 그들의 온갖 보따리를 싣고 그 보따리를 싼 사람들의 설레는 만남과 뜻하지 않은 이별, 회한, 그리고 미지의 세계를 향해 나아가는 산골 소녀의 기대와 두려움, 일상으로부터 탈출을 꿈꾸는 청년의 모험, 존재의 의미를 궁구하는 중년의 고뇌까지를 함께 실어 나른다. 변덕을 부리며 편리를 찾는 사람들이 새로 난 길을 좇아 자신을 떠날 때까지 기차의 묵묵한 여행은 그렇게 계속된다.

기차는 끊임없이 떠도는 사람들의 일상에 관한 정직한 목격자가 된다. 한적한 플랫폼에서 서늘하게 내리는 비를 맞고 있는 닳아진 나무 의자와 가을날 낙엽에 덮인 침목은 이제 자연의 일부가 되어 바람소리, 새소리와 함께 사람의 소리를 듣는다. 목청을 돋우어내는 소리는 공중에서 사라지지만 차마 입 밖에 내지 못하고 가슴에 묻어둔 이야기는 침묵의 흔적으로 남는다.

밤낮없이 달리는 열차에서 하루 종일 말없이 차창 밖을 바라보는 경험을 해보지 않고서야 어떻게 우리가 곤고(困苦)한 생의 여운을 느낄 수 있을 것이며, 인간의 세상에 떨어지는 밤하늘의 별빛을 가슴속 깊이 받아들일 수 있겠는가? 멀리서 바라보는 기차는 기적을 울리며 벌판을 달리지만, 멀어지는 풍경에 자신을 맡기고 고요히 앉아있는 사람들의 마음에도 우리들의 기차는 호수 위 쪽배처럼 작은 물살을 가르며 선명한 길을 내는 것이다.

그리하여 세상을 달리는 인간의 기차는 처음에는 마치 무소불위의 지배자인 양 오만하게 굴다가, 다시 봄이 돌아와 나뭇잎이 새로 돋고 구름 없는 하늘에 기러기 떼가 날고 비바람이 몰아치면 그 엄숙한 자연의 순환 속에서 자신의 존재를 애써 드러내지 않고 겸허하게, 그렇게 문명의 기록자로서 남아 있는 것이다.

시베리아횡단 철도와 한반도

많은 사람이 시베리아 횡단 열차 여행을 꿈꾼다. 외국인 중에도 그런 이들이 적지 않지만, 특히 한국인 중 '내 일생에 언젠가는 한 번 시베리아 횡단 열차를 타보리라'고 작정하는 사람을 종종 볼 수 있다. 그것은 아마 많은 사람에게 시베리아 횡단 열차가 영화 속 '오리엔트 특급'처럼 낭만의 열차 여행으로 상상되기 때문일 것이요, 또는 일부 민족주의 성향의 연구자들이 주장하는 것처럼 시베리아의 중심부에 위치한 바이칼 호수가 '배달민족의 시원' 내지 '한민족의 정신적 고향'으로 여겨지는 이유도 있을 것이다. 어쨌든 많은 한국인에게 시베리아와 그 대지 위를 질주하는 횡단 열차는 마치 오래전 잃어버린 본향과도 같은 자력을 가지고 있는 듯하다. 그리고 실제로 매년 몇몇 외국인과 함께 적지 않은 한국인이 여름만 되면 바로 그 '언젠가'가 실현되고 있다는 설렘을 안고 동에서 서로 또는 서에서 동으로 기차에 몸을 싣는다.

시베리아 횡단 철도(Trans Siberian Railway: TSR)는 모스크바에서 시작하여 우랄 산맥을 넘어 노보시비르스크-이르쿠츠크-하바롭스크-블라디보스토크에 이르는 9,298킬로미터의 세계 최장 철길이다. 제정러시아의 시베리아 개발과 극동지역의 군사력 강화, 대(對)중국 무역 등을 목적으로 부설된 이 철도는 1891년에 첫 삽을 떠 혁명 직전인 1916년에 전 구간 개통의 팡파르가 울렸다. 소련 시대인 1960년대 아시아와 유럽을 잇는 광대한 유라시아 철도망이 건설됨으로써 북한·몽골·중국으로부터 러시아-우크라이나-벨라루스-중앙아시아를 거쳐 폴란드, 체코, 헝가리, 독일(동독), 유고슬라비아 등 동유럽 국가들이 연결되는 철의 띠(Iron Ribbon) 역할을 하게 되었다. 그리고 냉전 체제의 종언으로 이제는 아시아에서 서유럽까지 자유롭게 왕래할 수 있게 되었으나, 유독 동강난 한반도의 휴전선 앞에서만 철마는 멈추어 있다.

그러나 아는가? 정작 러시아인들에게도 시베리아 횡단 여행은 매우 특별한 경험이라는 사실을! 약 1억 5천만 명에 달하는 러시아 인구 중 시베리아 횡단 열차의 전 구간을 타보는 여행을 해본 사람들은 극소수에 불과할 것이다. 필자는 지난 15년 동안 주위에서 그런 사람을 단 한 명도 만난 적이 없을 정도다. 외국인인 필자가 '블라디보스토크에서 모스크바까지 17박 18일 동안 시베리아 횡단 열차를 타고 여행했다'고 말하면 그 말을 듣는 러시아 사람들 모두가 어깨를 으쓱하며 '와, 그래요?'라는 표정을 짓는다. 곧이어 '우리도 못 가본 우리나라 시골 오지를 당신은 갔다 왔군요'라고 반응하기 일쑤다. 시베리아 사람들은 그저 자기들이 평생 사는 곳이니까 특별한 경우가 아니면 그 넓은 땅을 돌아다닐 일이 없을 것이요, 우랄 산맥 서쪽에 사는 러시아인의 대다수(전체 인구 중 우랄 산맥 동쪽, 그러니까 시베리아와 극동 지역에 사는 사람들을 모두 합쳐도 3천만 명을 밑돈다)에게 시베리아란 자기네들의 일상생활과는 상관없는 머나먼 벽지로 여겨지기 때문이다. 그리고 설령 모스크바나 페테르부르크에 사는 사업가가 업무상 출장으로 시베리아의 어떤 도시에 갈 일이 있더라도 주로 비행기를 탈일이지 며칠씩 걸리는 기차를 타고 다니지는 않는다.

그러나 실제로는 수많은 러시아인이 시베리아 횡단 열차를 타고 내린다. 그러면 그들은 누구란 말인가? 러시아인들이 시베리아 횡단 열차를 타고 다니는 것은 대충 다음과 같은 경우라고 보면 된다. 먼저, 그들 대부분은 모스크바-블라디보스토크의 전 구간을 타고 오가는 것이 아니라 그중 한 구간 또는 몇 구간을 타고 이 도시에서 저 도시로 이동하거나, 더 시골로 가는 사람들은 열차에서 내려 또 다른 교통수단으로 갈아타는 것이다. 다음으로 열차를 타는 사람들 중 일부는 생계 문제로 오가는 경우이며 대부분 시베리아와 극동 지역 내 업무상 출장이 목적이다. 그리고 서로 다른 도시에 사는 친척을 방문하기 위해, 휴가철에 특정 휴양지로, 즉 도시인들이 바이칼 호수나 알타이 등지로 또는 지방 사람들이 외국으로 나가는 비행기를 타기 위해 모스크바나 페테르부르크로 이동하는 사람들이다. 그리고 혼자 기차를 타는 사람들이 많기는 하지만 가족끼리 한 객실을 전부 차지하고 여행을 하는 경우도 자주 볼 수 있다.

장시간 여행자들을 위해 대부분의 객실이 침대칸으로 구성되어 있는 시베리아 횡단 열차는 객실 등급이 셋으로 나뉜다. 회사 돈으로 출장 가는 임원이나 살림살이가 여유 있는 사람이라면 2인이 한 방에 들어가는 특실(룩스)을 이용하게 되고, 보통 사람들은 침대가 2층으로 설치되어 있는 4인 1실(쿠페)을, 형편이 가장 어려운 사람들은 6인이 함께 쓰는 칸(플라츠 카르타)에 머물게 된다. 영화 〈러브 오브 시베리아〉의 주인공인 황실사관학교생 안드레이와 사업상 미인계를 쓰기 위해 미국에서 러시아로 잠입한 제인이 첫 대면을 하게 되는 공간이 바로 2인 1실의 룩스다. 내부가 안락하고 고급스럽게 치장되어 연인끼리 또는 부부가 오붓하게 여행하기에 안성맞춤이지만, 그만큼 비싼 값을 치러야 한다. 따라서 시베리아 횡단 열차의 전형적인 열차 내 모습은 보통 사람들이 가장 많이 이용하는 4인 1실의 쿠페에서 관찰할 수 있다. 남녀 구분 없이 네 사람이 한 공간을 위아래로 사용하는 이러한 일반실은 시베리아 열차에만 고유한 것은 아니고 러시아 열차라면, 대도시의 교외선을 빼놓고는 어디를 다니든지 다 그렇다고 할 수 있다.

최소 여행 기간이 1박 2일인 시베리아 횡단 열차 안에는 식당 칸이 따로 마련되어 있어서 러시아 음식과 주류를 팔고 있다. 외국인 입장에서 볼 때 메뉴는 풍성하다고 할 수 없고 음식의 질도 종종 만족스럽지 못하지만, 동승한 러시아인이나 외국인들과 보드카 잔을 부딪치며 흥겹게 사귀기에는 부족함이 없다. 러시아 여행객 대부분은 식당 칸을 이용하기보다는 집에서 바리바리 싸온 음식으로 식사를 해결한다. 1980년대 초반까지 우리네 열차 칸에서 사람들이 삶은 달걀과 음료수를 싸와 나눠 먹던 모습과 흡사하다. 식당과 자가(自家) 음식 말고도 이 열차 여행 중에 일용할 양식을 구입할 수 있는 방법이 또 하나 있다. 열차가 통과하는 72개의 역 중 비교적 큰 도시의 역에서 최대 20분씩 정차하는데, 그때마다 역 주변에 갑작스럽게 열리는 도깨비시장에서 온갖 음식을 구할 수가 있다.

시베리아 열차 여행을 작정하는 사람들이 가장 궁금해 하는 것 중 하나가 요금이다. 그런데 먼저 염두에 둘 것은, 어떤 구간을 오가는, 어떤 등급의 기차를, 언제 타느냐에 따라 가격이 천차만별이라는 사실이다. 모스크바에서 블라디보스토크까지 1만 킬로미터에 가까운, 도중에 어떤 도시에도 내리지 않고 내처 달린다고 해도 6박 7일이 걸리는 이 기나긴 열차의 표 값이 근래 많이 올라서 러시아 인들에게 큰 부담이 되고 있다. 따라서 해마다, 철마다 비용에 변동이 생기는데, 근래는 4인 1실 기준으로 편도 요금이 약 400달러(한화 35만~40만 원) 정도라고 한다.

그런데 시베리아 열차의 운영자들은 이 정도 상업화로는 성이 안 찼던지 2007년 5월부터 영국 철도 여행 업체와 제휴해서 '황금독수리 호'라는 명칭의 초호화 유람 열차 상품을 내놓았다는 소식이다. 모든 승무원이 영어를 구사하며 요금은 무려 8천~2만 달러(한화로 약 750만~1,850만 원)로 일반 요금의 20배가 넘는데, '레일 위의 호텔'로 불릴 만큼 고급 식당은 물론 세탁실, 이발소, 응급실 등을 구비하고 모든 객실 내부에 각종 시설(널찍한 2인용 침대, 샤워 시설, 에어컨, 평면 TV, 인터넷 등)을 완비했다고 한다.[20] 시베리아 횡단 철도 90년 역사가 기록하는 또 하나의 진화를 대평원은 어떻게 바라보고 있을까?

최근 열린 남북 간 장성급 회담에서 경의선과 동해선 열차의 시범 운행에 합의했다는 소식은 고무적이다. 그것이 비록 일회성 행사요, 시범 열차의 속도 또한 시속 20~30킬로미터에 불과할지라도 1950년 전쟁 이후 반세기 넘도록 끊어진 남한과 북방 대륙이 머지않아 연결될 것이라는 희망을 품게 하기에 족하기 때문이다. 비무장 지대가 평화의 지대가 되는 날, 우리는 서울역에서 열차표를 끊어 북한과 중국, 러시아를 지나 유럽까지 내쳐 달릴 수 있을 것이다.

---

20 유철종, 「'레일 위의 호텔' 달리다」, 《중앙일보》, 2007.5.5.

참고문헌

김 율리, 『율리 김, 자유를 노래하다』, 최선 옮김, 뿌쉬낀하우스, 2005.
김영숙, 「시베리아 문학에 나타난 코스미즘의 전통에 관하여—이고리 키셀레프의 서정시를 중심으로」, 《슬라브학보》, 17권 2호.
김윤배, 『시베리아의 침묵』, 문학과지성사, 2013.
김재용 엮음, 『오장환 전집』, 실천문학사, 2002.
도스또예프스끼, 표도르, 『죽음의 집의 기록』, 이덕형 옮김, 열린책들, 2000.
도이처, 아이작, 『무장한 예언자 트로츠키』, 김종철 옮김, 필맥, 2005.
레비스트로스, 클로드, 『슬픈 열대』, 박옥줄 옮김, 한길사, 1998.
레이드, 안나, 『샤먼의 코트』, 윤철희 옮김, 미다스북스, 2003.
르 브르통, 다비드, 『걷기 예찬』, 김화영 옮김, 현대문학, 2002.
리진, 『하늘은 언제나 나에게 너그러웠다』, 창작과비평사, 1999.
마야코프스키, 블라디미르, 『광기의 에메랄드』, 석영중 옮김, 고려대학교 출판부, 2003.
마키 유스케, 『시간의 비교사회학』, 최정옥·이혜원·박동범 옮김, 소명출판, 2004.
민영환, 『해천추범(海天秋帆)—1896년 민영환의 세계일주』, 조재곤 편역, 책과 함께, 2008.
박범신, 『흰 소가 끄는 수레』, 창작과비평사, 1997.
백남운, 『쏘련인상』, 선인, 2005.
백석, 『백석시전집』, 흰당나귀, 2012.
버거, 존, 『그리고 사진처럼 덧없는 우리들의 얼굴, 내 가슴』, 김우룡 옮김, 열화당, 2004.
부가이, 『재소한인들의 수난사』, 최정운 옮김, 세종연구소, 1996.

비숍, I. B., 『조선과 그 이웃 나라들』, 신복룡 역주, 집문당, 2000.
비텝스키, 피어스, 『샤먼』, 김성례·홍석중 옮김, 창해, 2005.
석영중, 『러시아정교』, 고려대출판부, 2006.
아르세니에프, 블라디미르, 『데르수 우잘라』, 김욱 옮김, 갈라파고스, 2005.
오히예사, 『인디언의 영혼』, 류시화 옮김, 오래된미래, 2004.
이광수, 『유정』, 일신서적출판사, 1995.
일연, 『삼국유사』, 고운기 옮김, 홍익출판사, 2001.
임영상·황영삼 외, 『고려인 사회의 변화와 한민족』, 한국외국어대학교출판부, 2005.
정명자, 『인물로 읽는 러시아 문학』, 한길사, 2001.
캘리콧, 베어드 외, 『자연은 살아 있다』, 윤미연 옮김, 창해, 2004.
콰멘, 데이비드, 『신의 괴물』, 이충호 옮김, 푸른숲.
크로포트킨, P. A., 『크로포트킨 자서전』, 김유곤 옮김, 우물이있는집, 2003.
톨스토이, 레프, 『부활』, 박형규 옮김, 인디북, 2004.
톨스토이, 레프, 『안나 카레니나』, 이철 옮김, 범우사, 2000.
투르게네프, 이반, 『투르게네프 산문시』, 김학수 옮김, 민음사, 1997.
프리처드, 에반 T., 『시계가 없는 나라』, 강자모 옮김, 동아시아, 2004.
황석영, 『오래된 정원』, 창작과비평사, 2000.

Зуев, А. С. *Сибирь: Вехи истори*, Нобосирск, 1999.
Распутин, Валентин *Сибирь, Сибирь...*, Иркутск, 2000.
Чехов, Антон *Остров Сахалин*, М., 2004.

시베리아 예찬

처음 펴낸 날 | 2014년 4월 15일

지은이 | 김창진
펴낸이 | 이현정
펴낸곳 | 가을의 아침

편 집 | 온현정
디자인 | 박정미

출판등록 | 2013년 3월 26일 제553-2013-000006호
주소 | 경기도 화성시 메타폴리스로 47-11
전화 | 031-932-8116
팩스 | 031-932-8117
전자우편 | at_morning@naver.com
홈페이지 | http://blog.naver.com/at_morning

ⓒ 2014 김창진

값 17,000원
ISBN 979-11-952652-0-6 03810